B
is for
Bicycle

ADELE KUVITTAJA

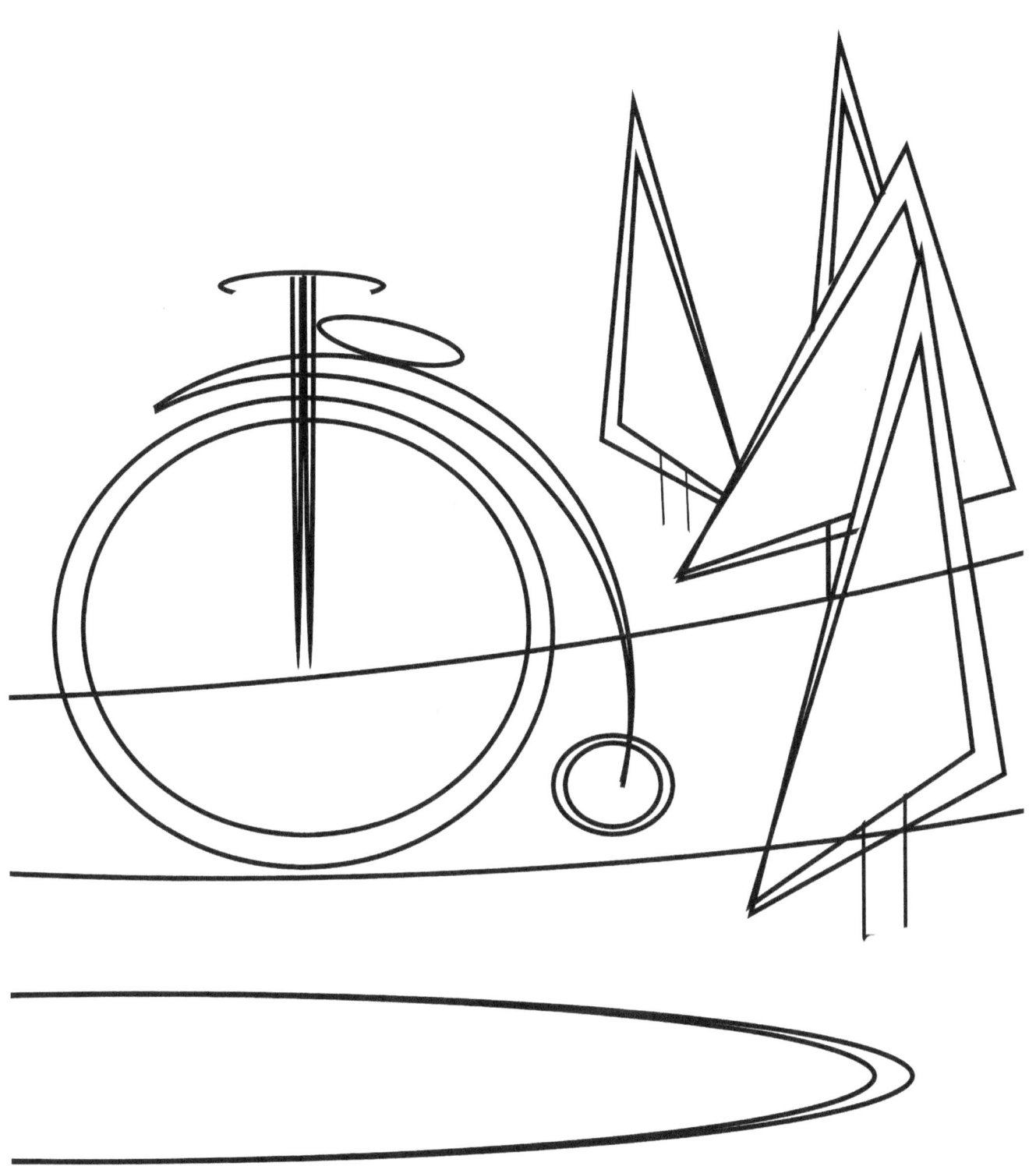

Penny-farthing in the Pine Forest#1
Adele Kuvittaja

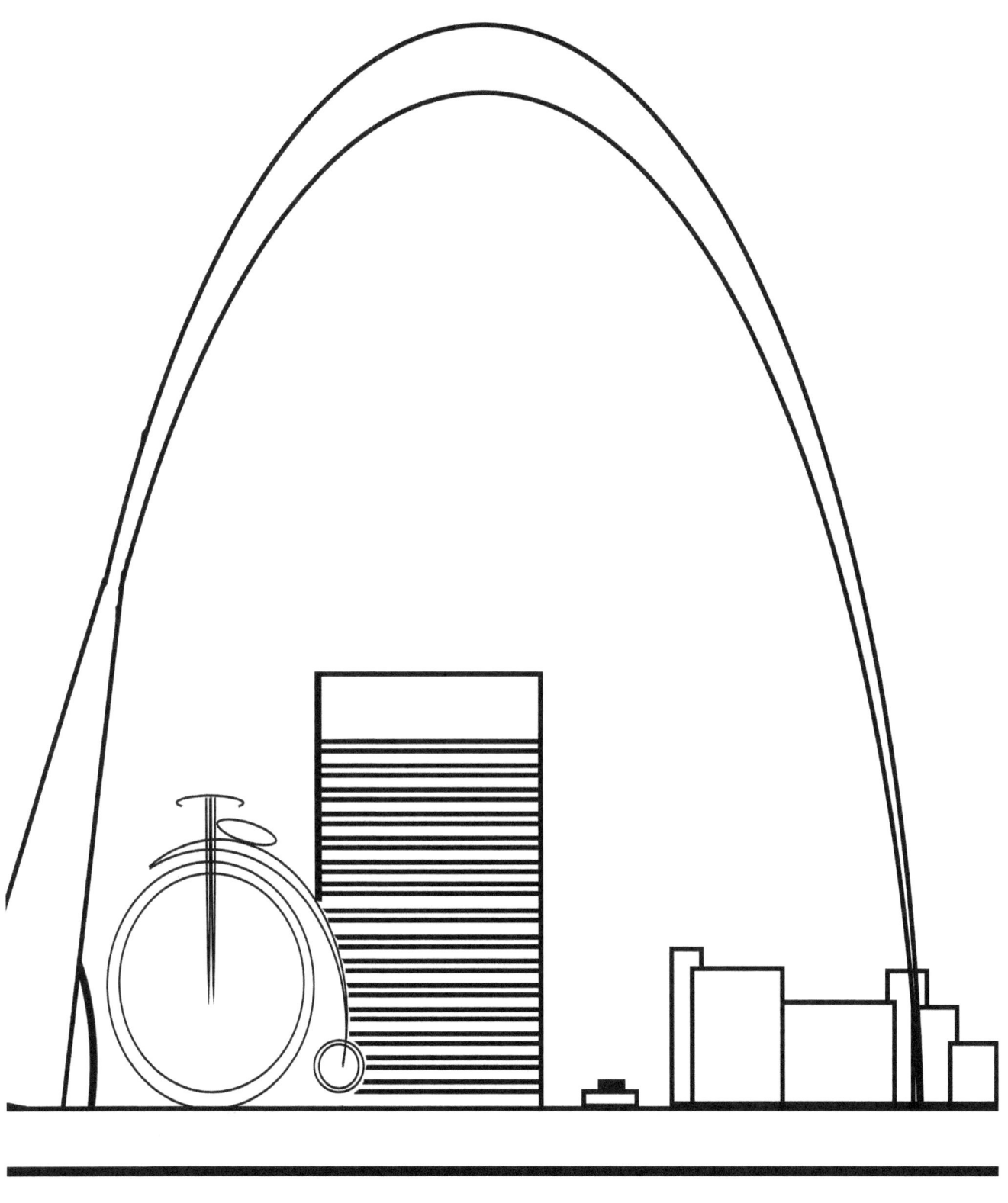

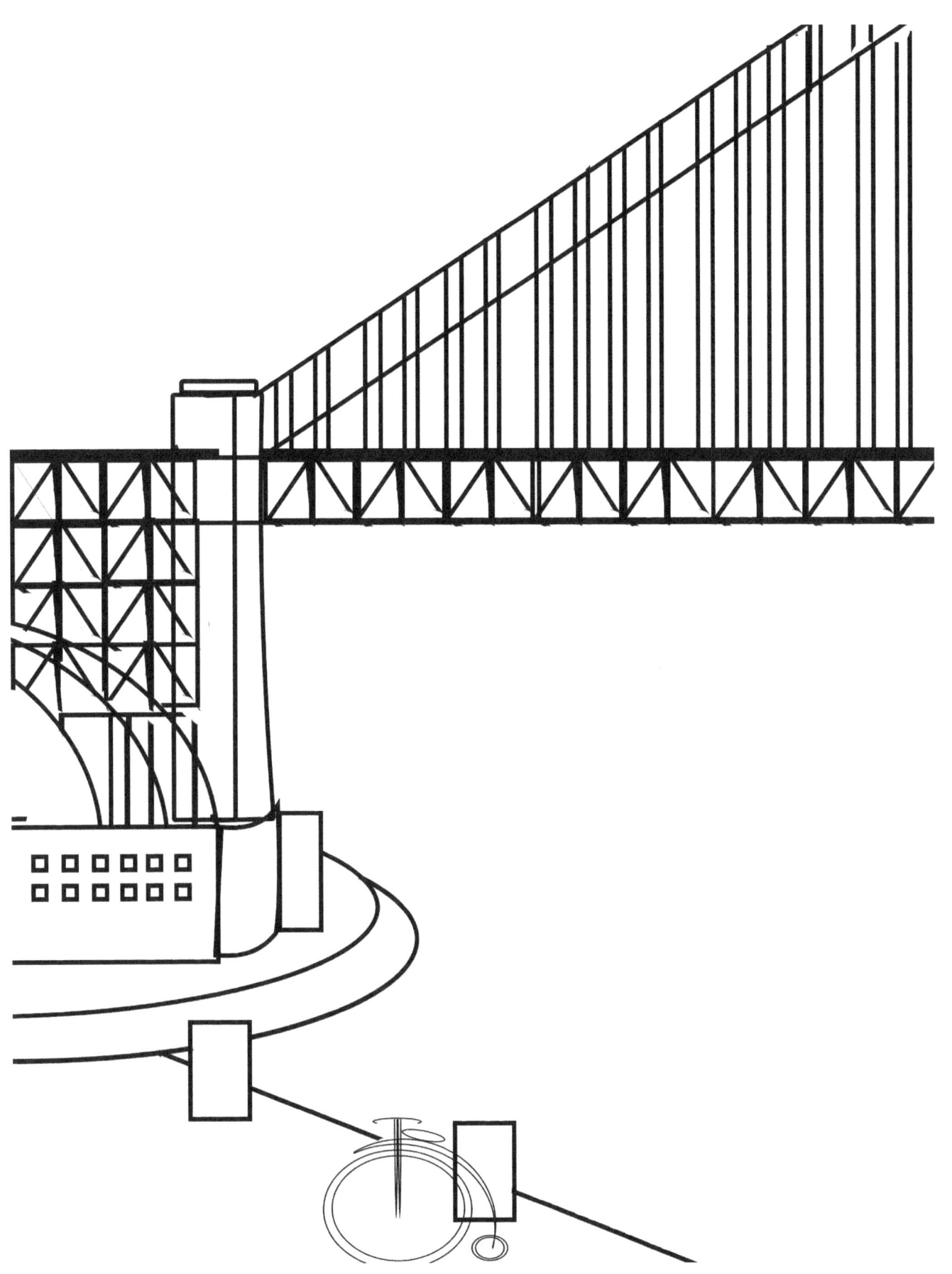

Penny-farthing at the Golden Gate Bridge #3
Adele Kuvittaja

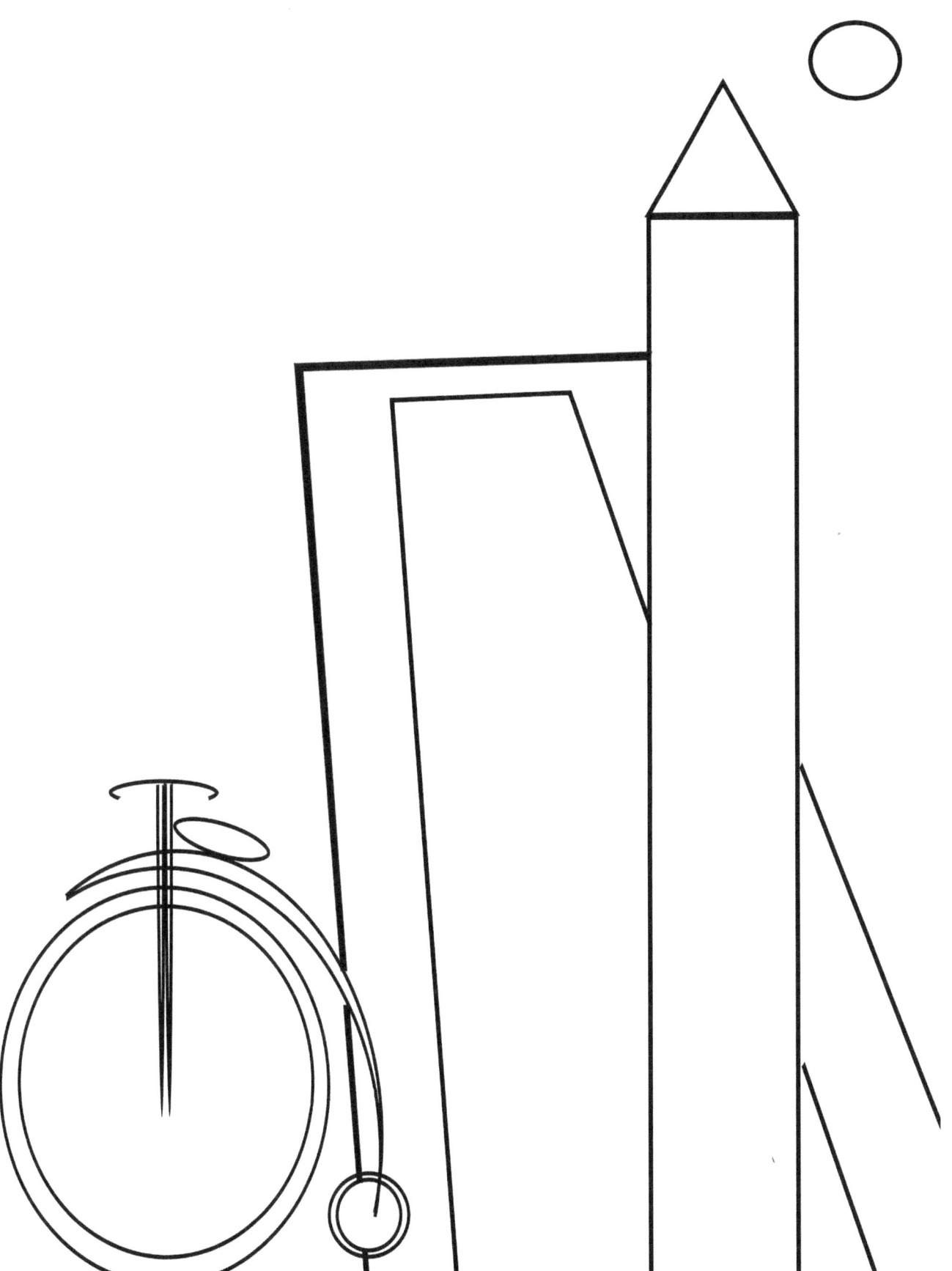

Penny-farthing in Washington, D.C. #4
Adele Kuvittaja

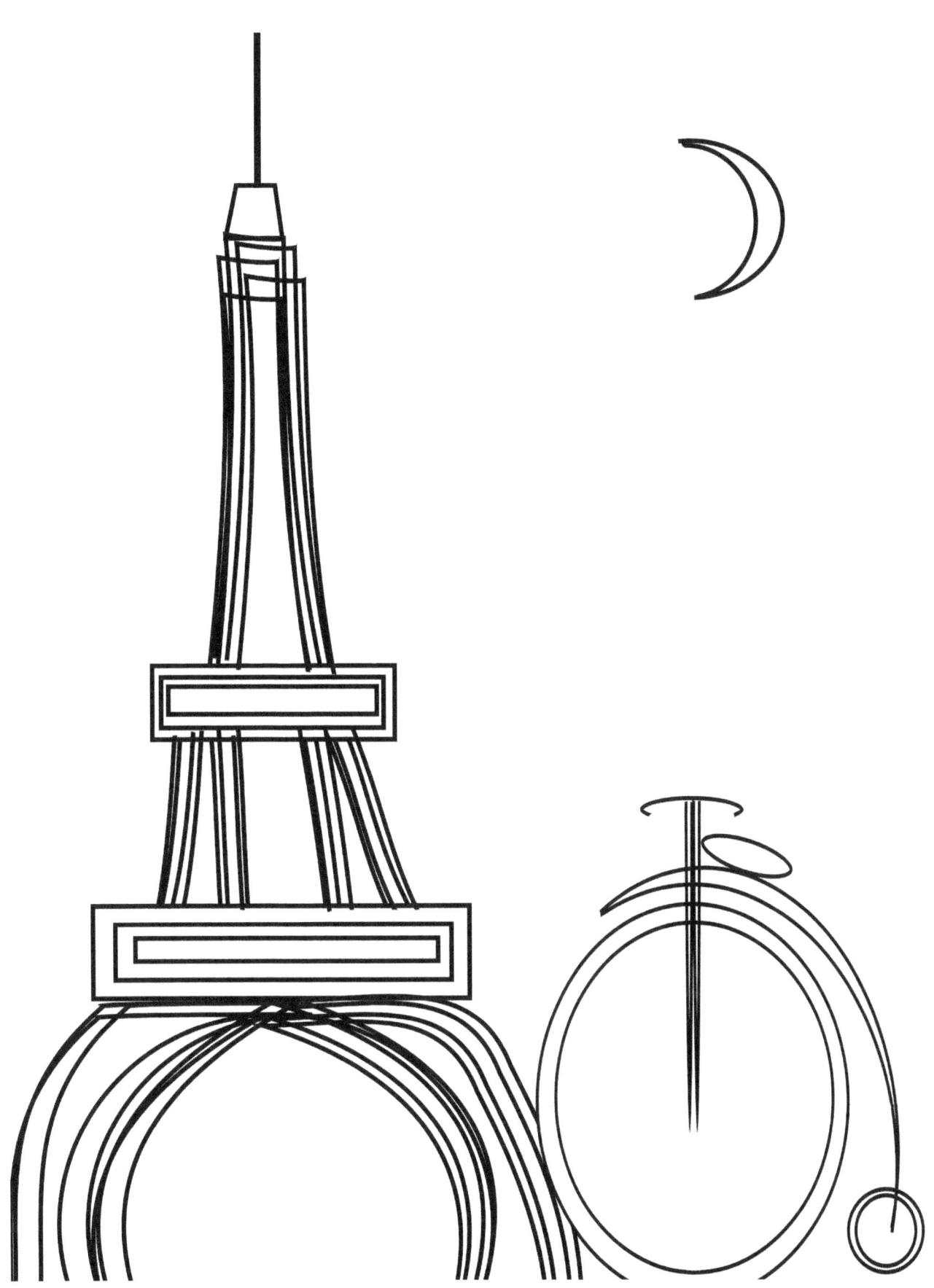

Moonlight in Paris #5
Adele Kuvittaja

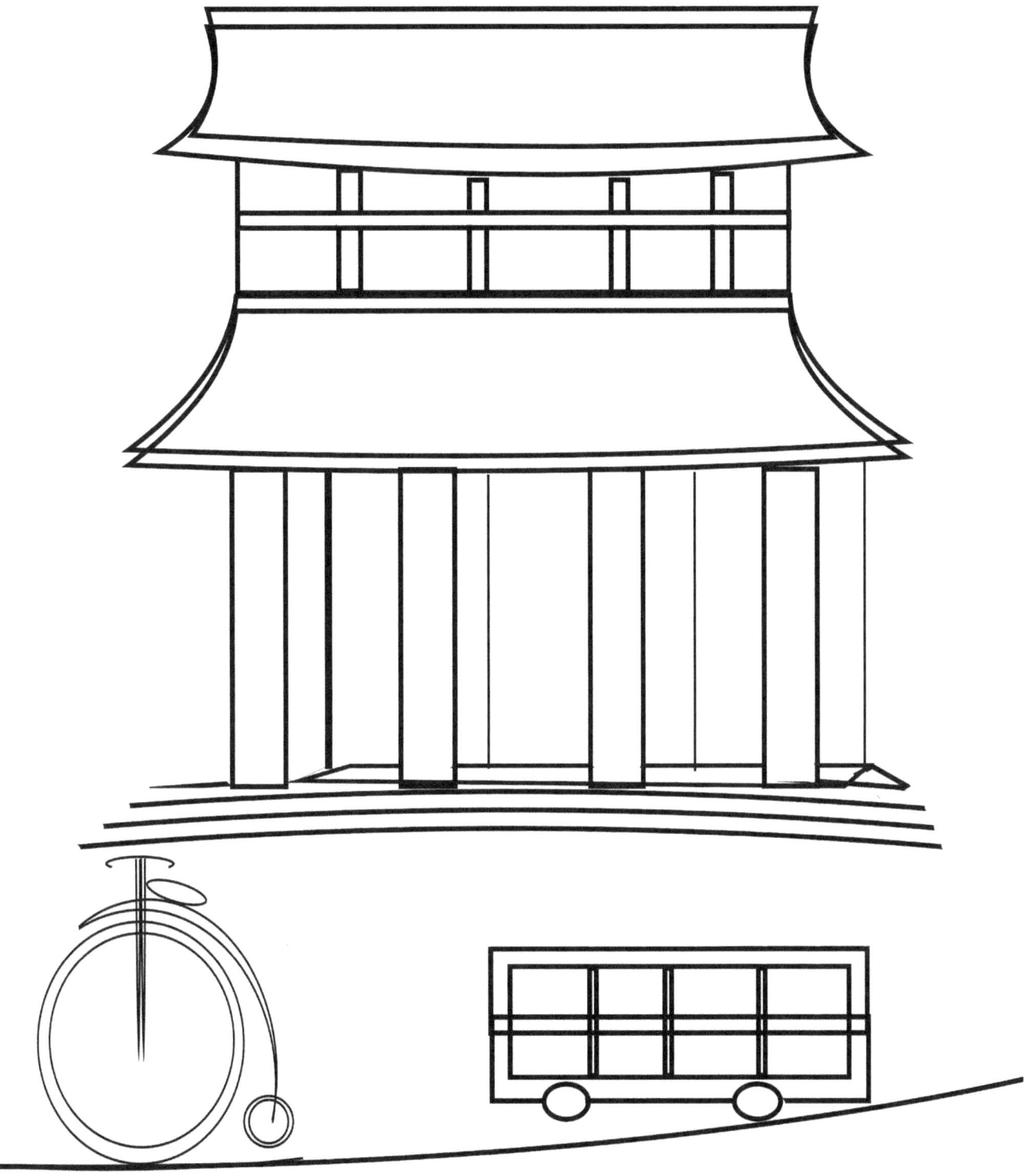

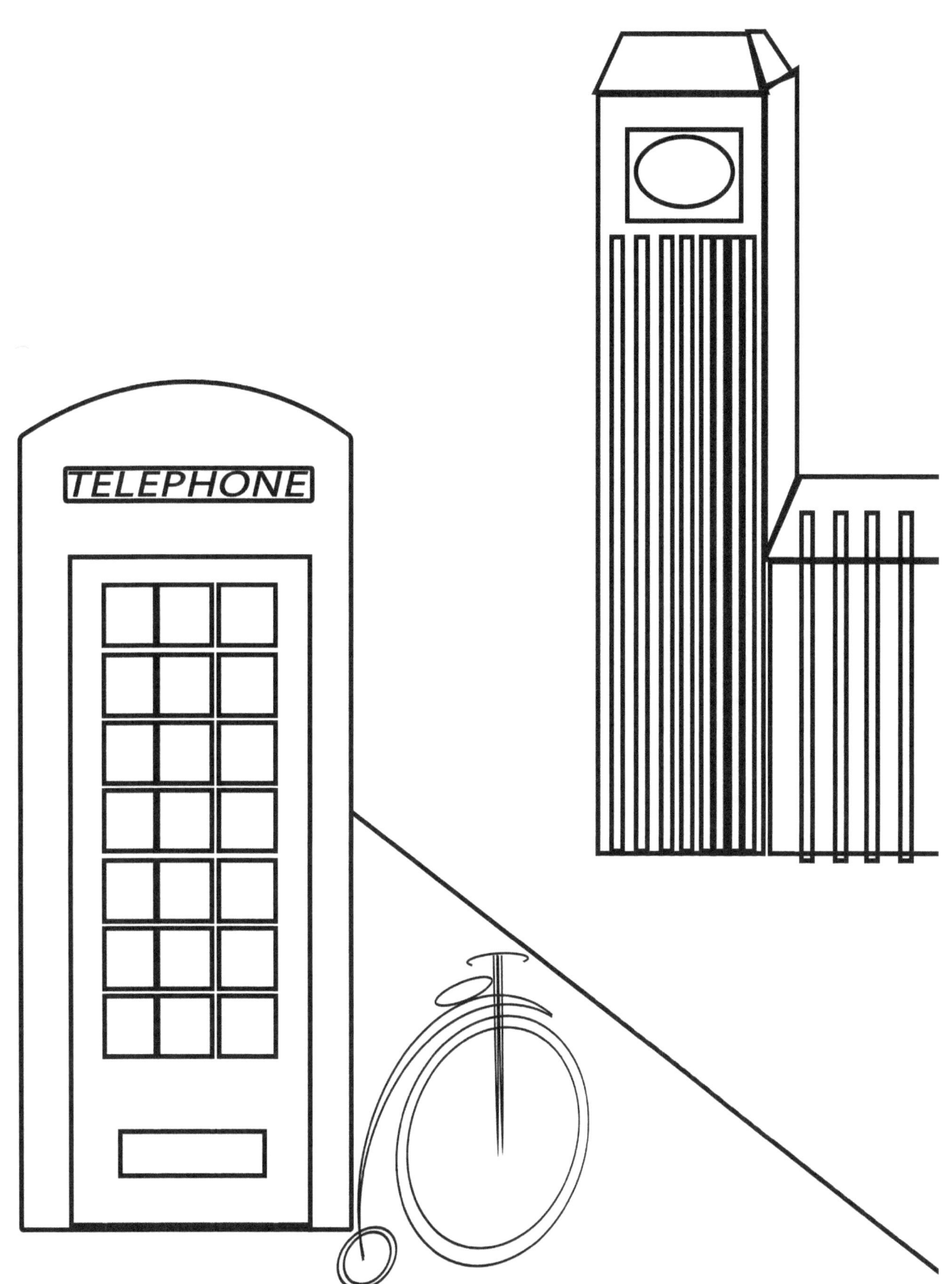

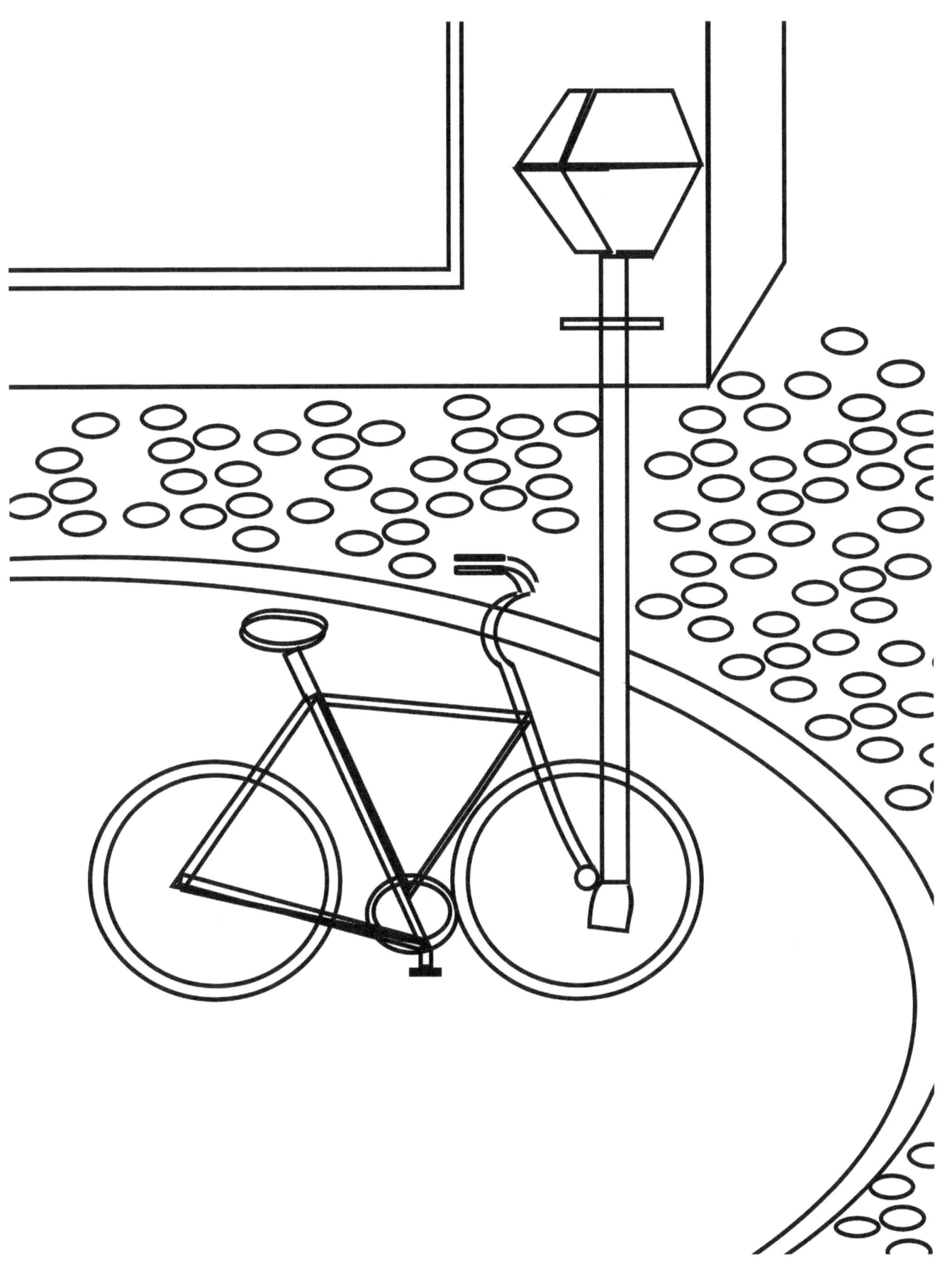

Bicycle #8
Adele Kuvittaja

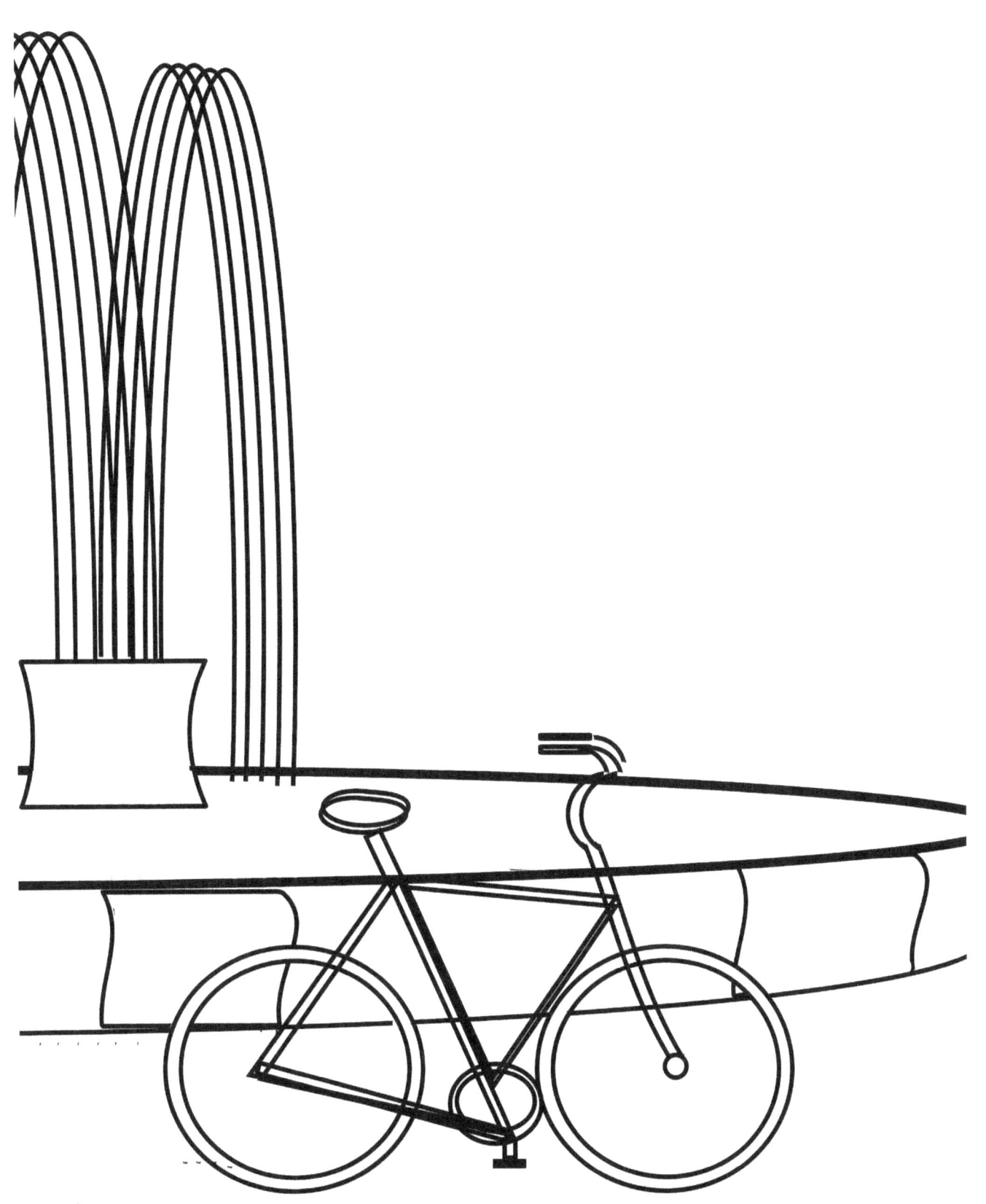

Bicycle Point State Park #9
Adele Kuvittaja

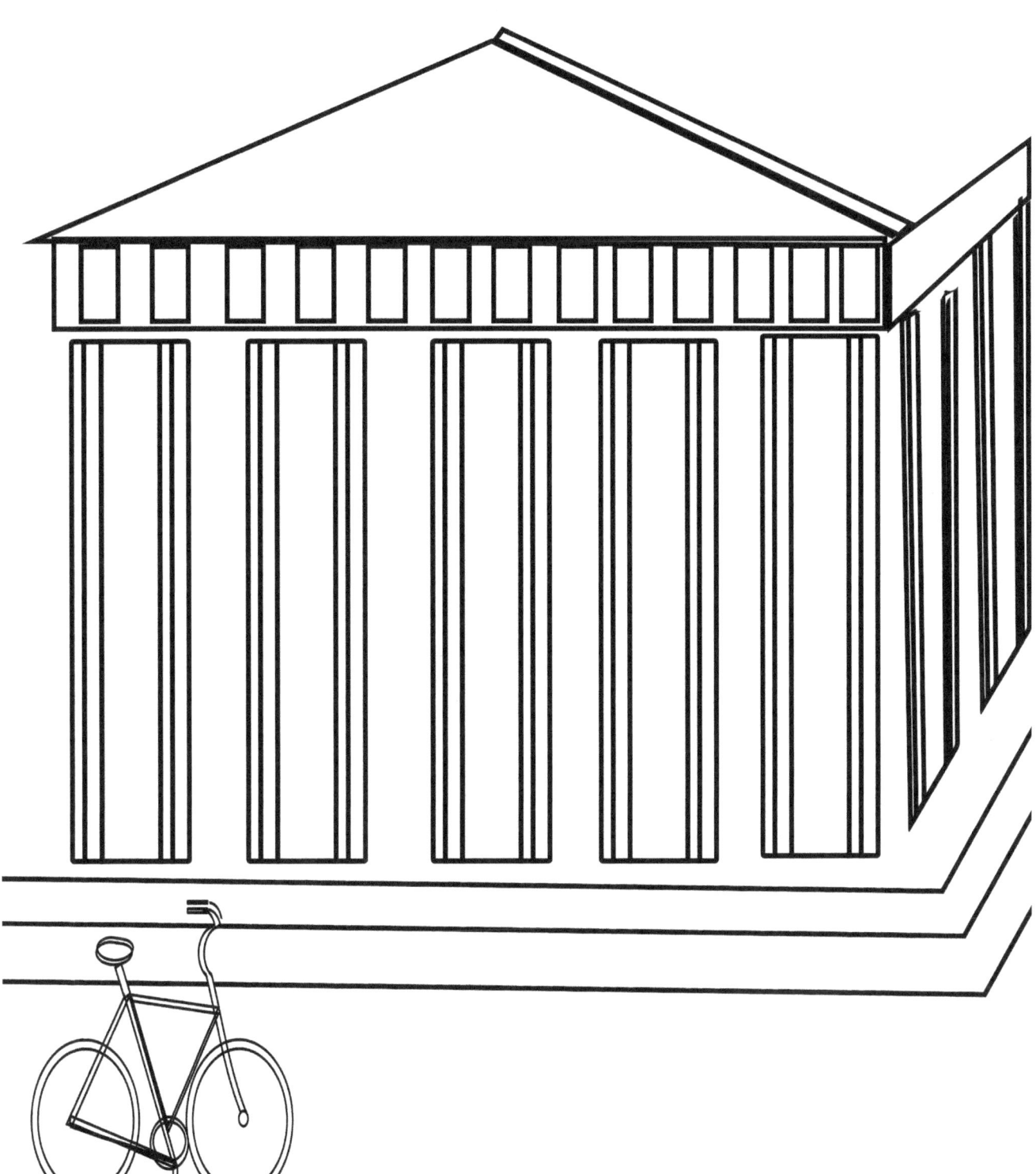

Bicycle at the Parthenon #10
Adele Kuvittaja

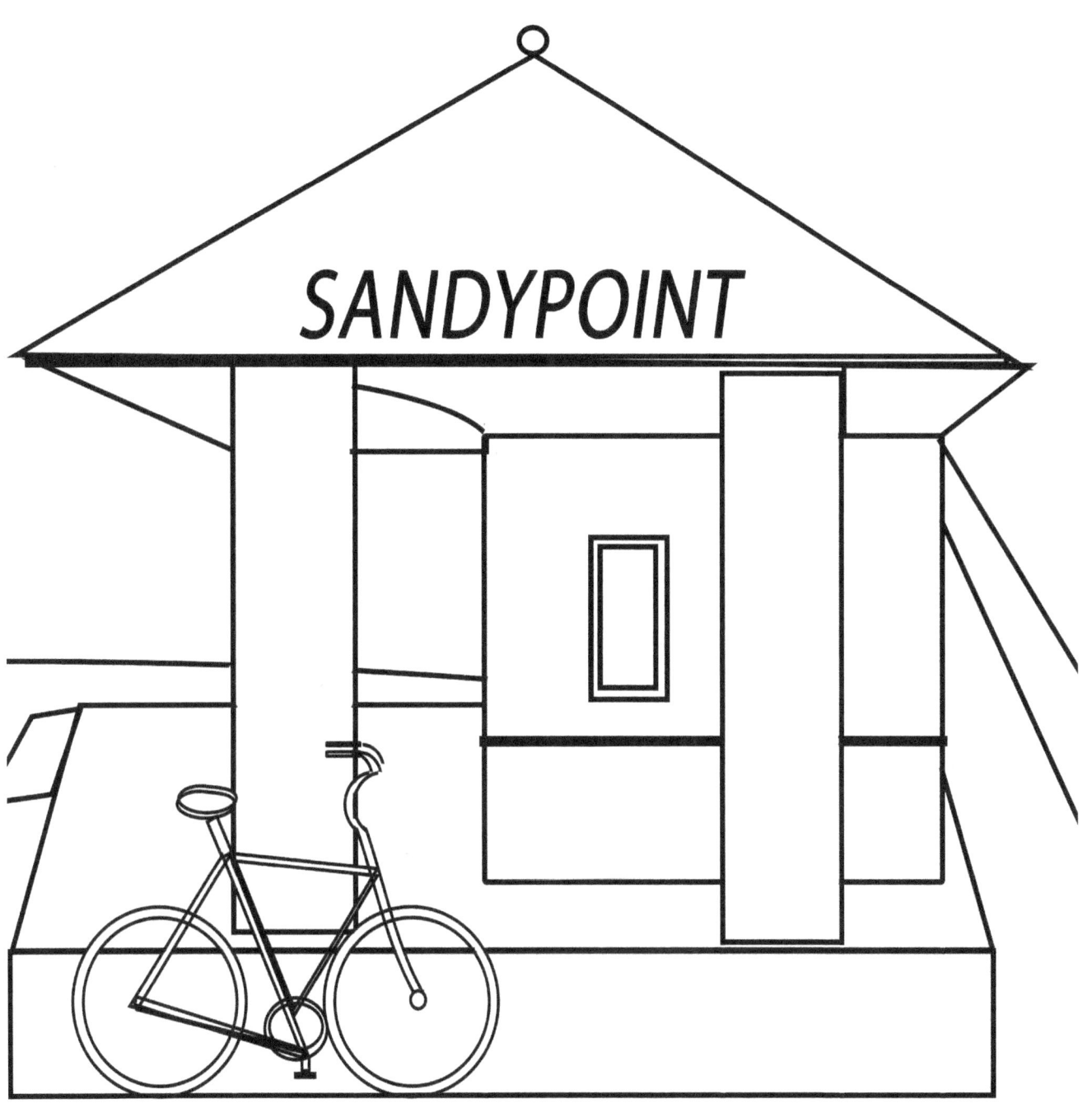

Sandypoint Station #11
Adele Kuvittaja

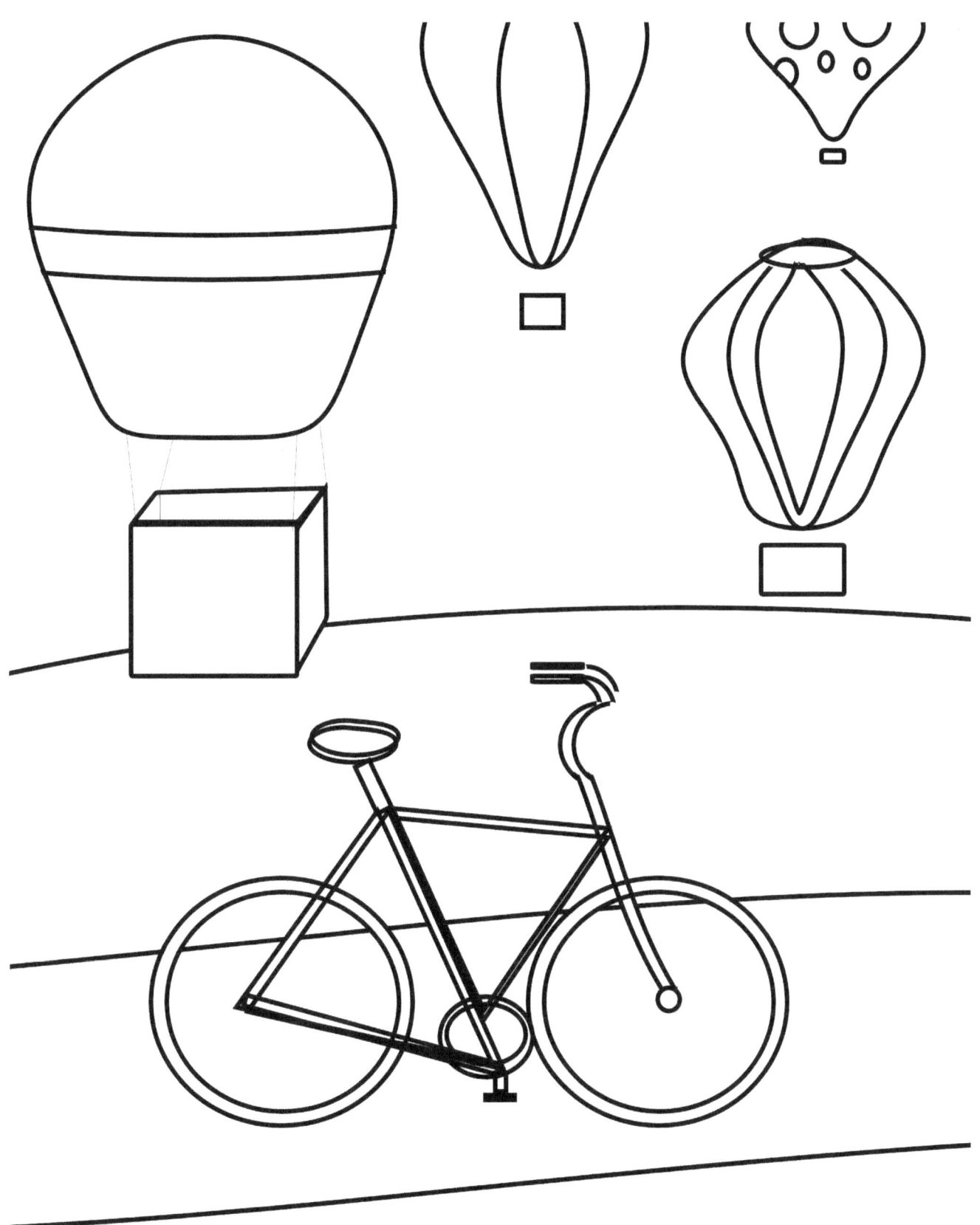

Balloon Festival #12
Adele Kuvittaja

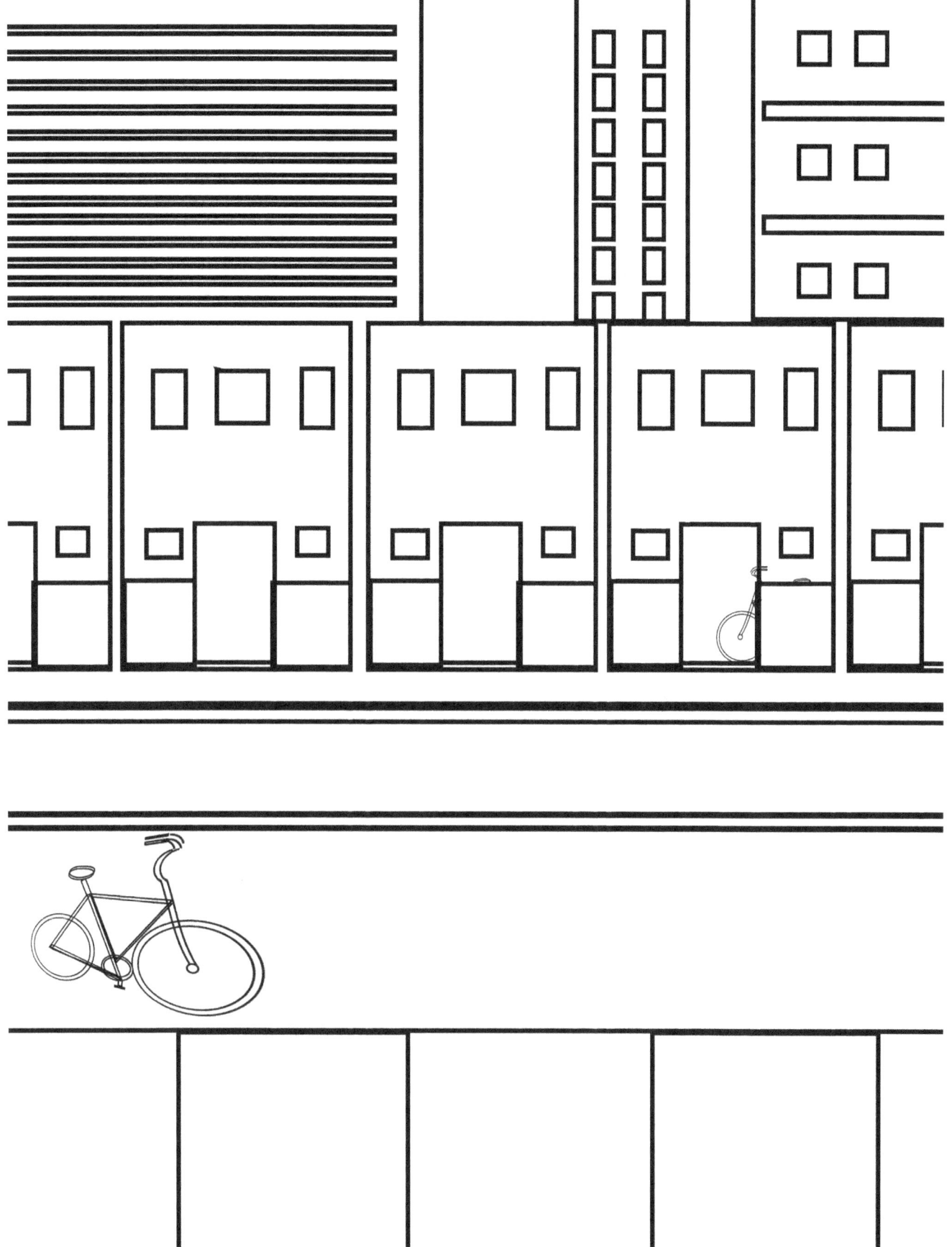

Bicycle in the City #13
Adele Kuvittaja

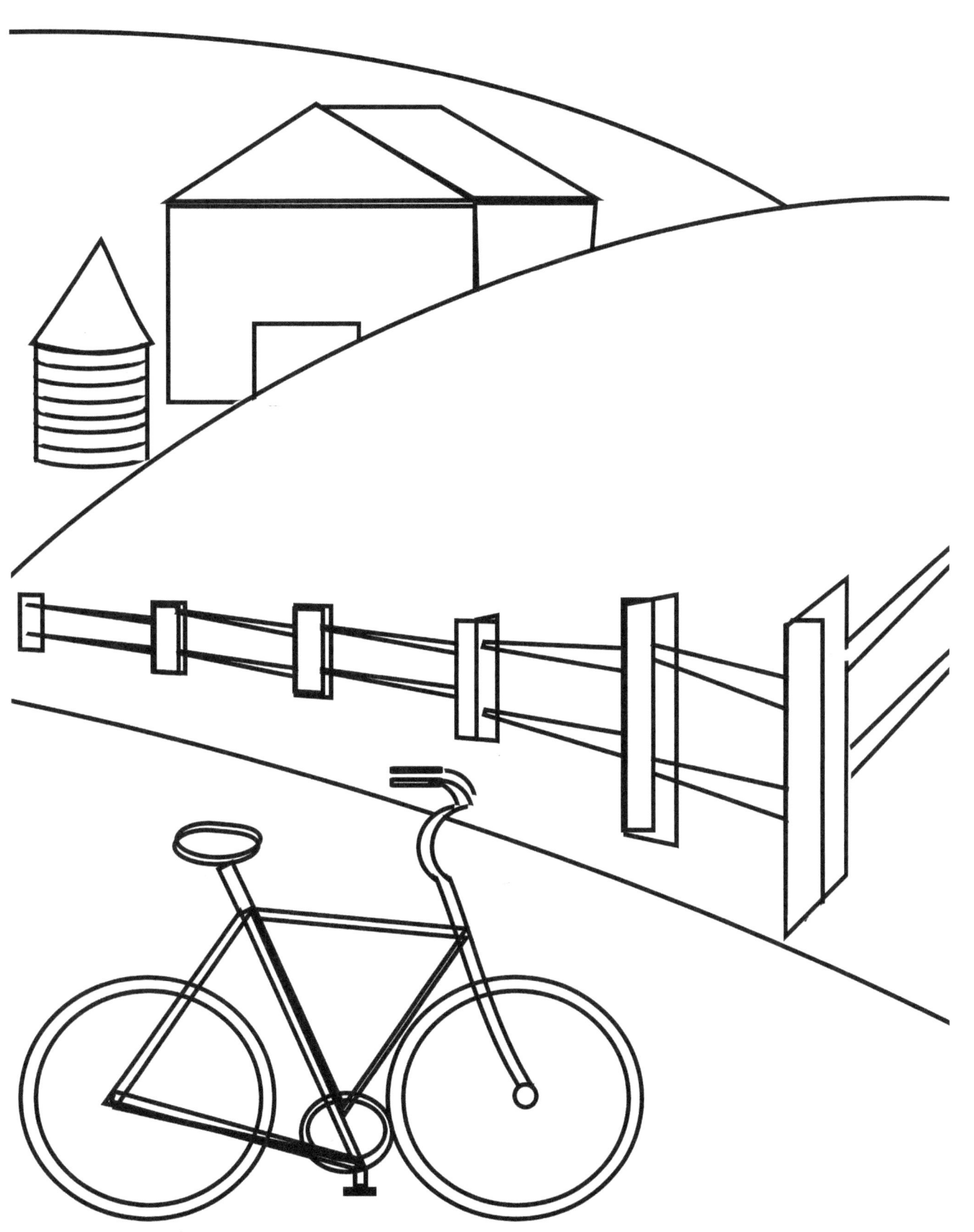

Ride in the Country #14
Adele Kuvittaja

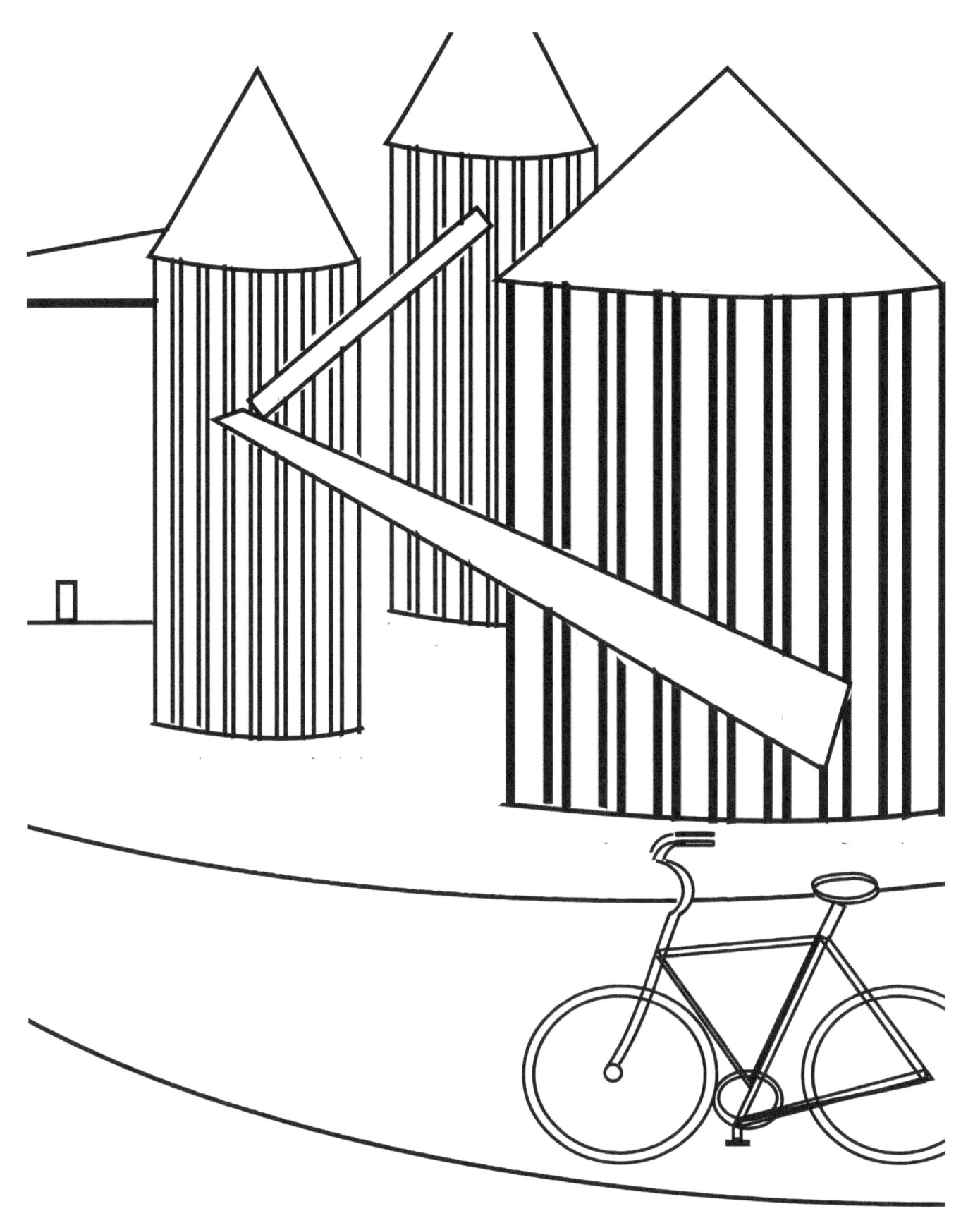

Silos #15
Adele Kuvittaja

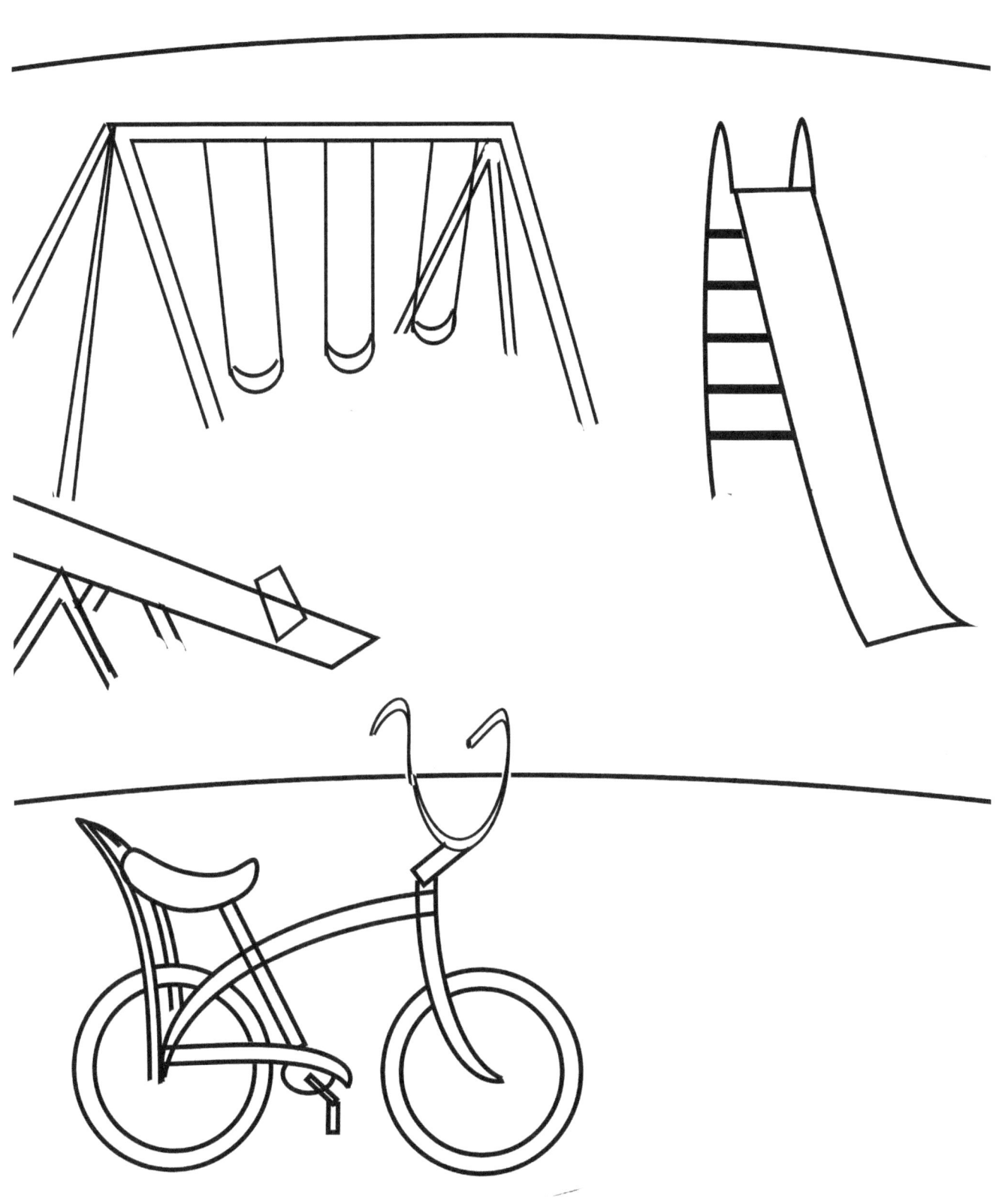

At the Playground #16
Adele Kuvittaja

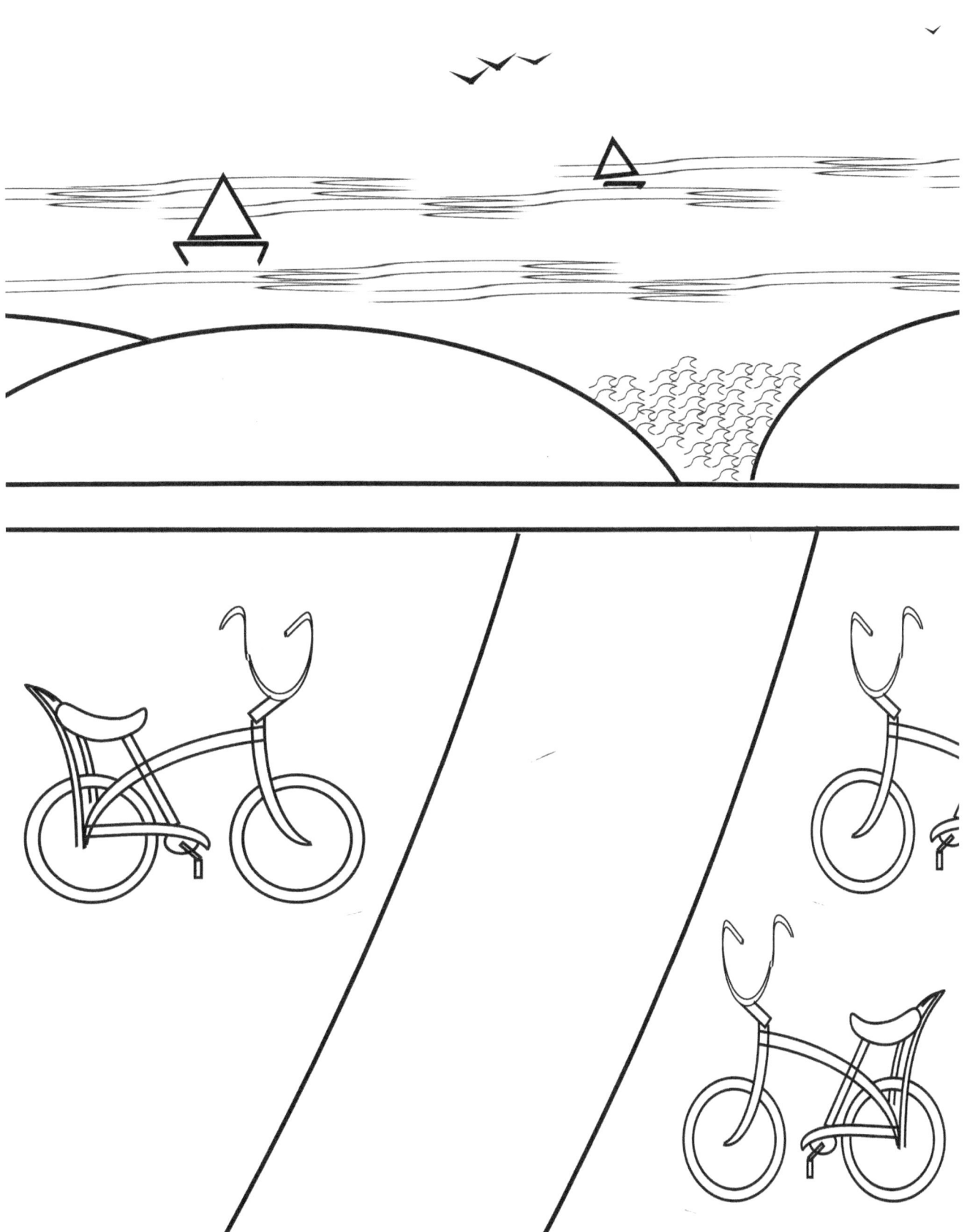

At the Beach #17
Adele Kuvittaja

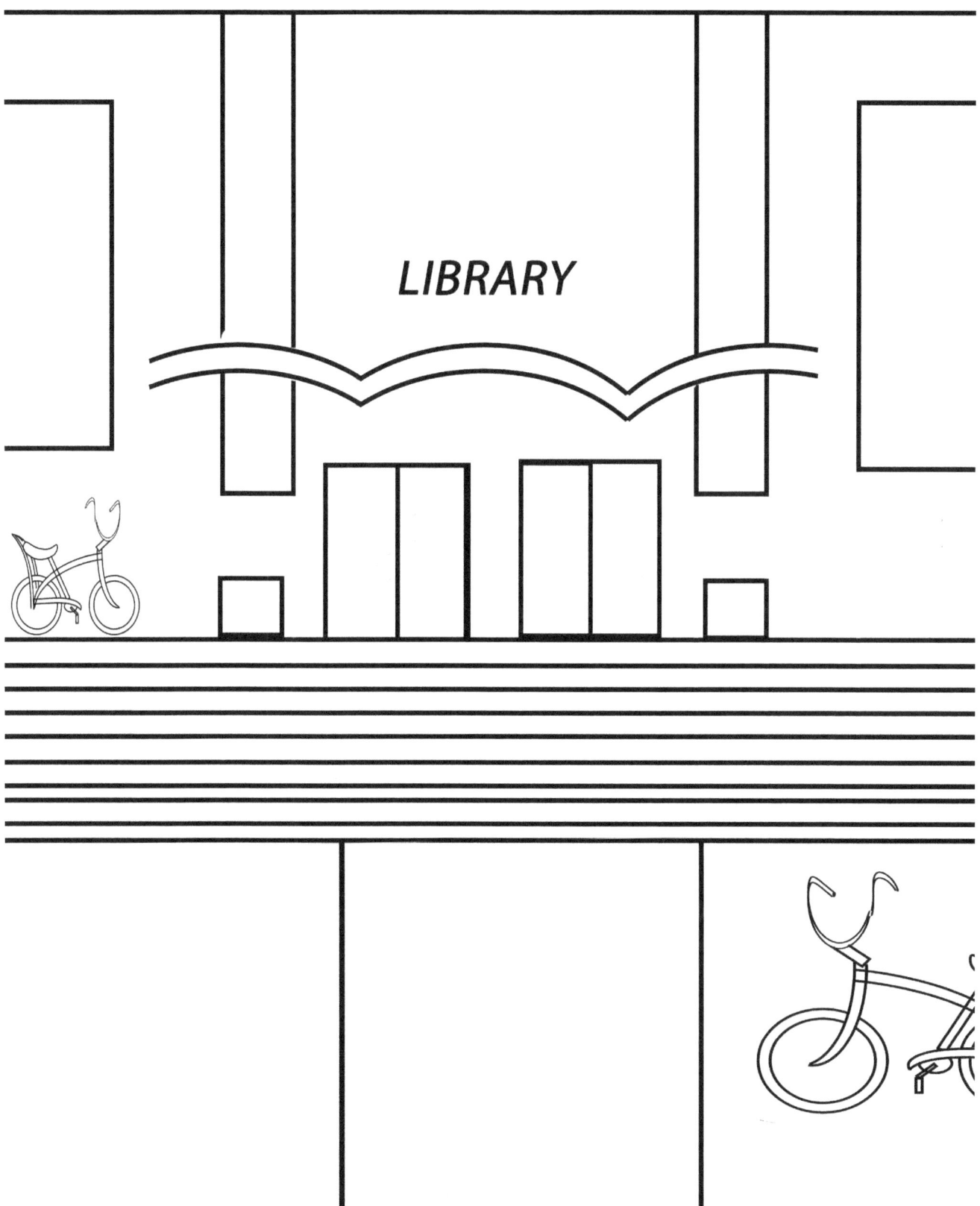

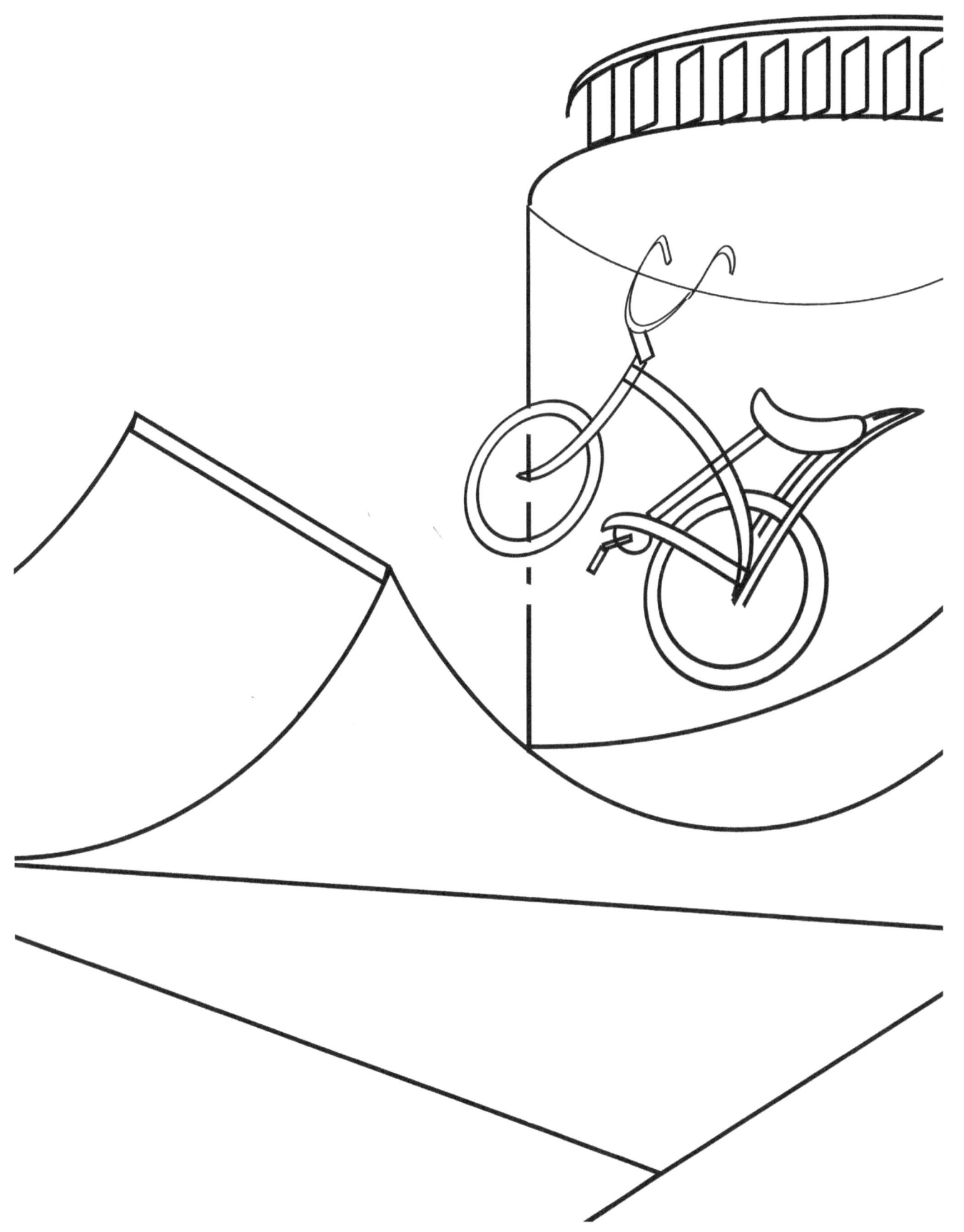

At the Skate Park #19
Adele Kuvittaja

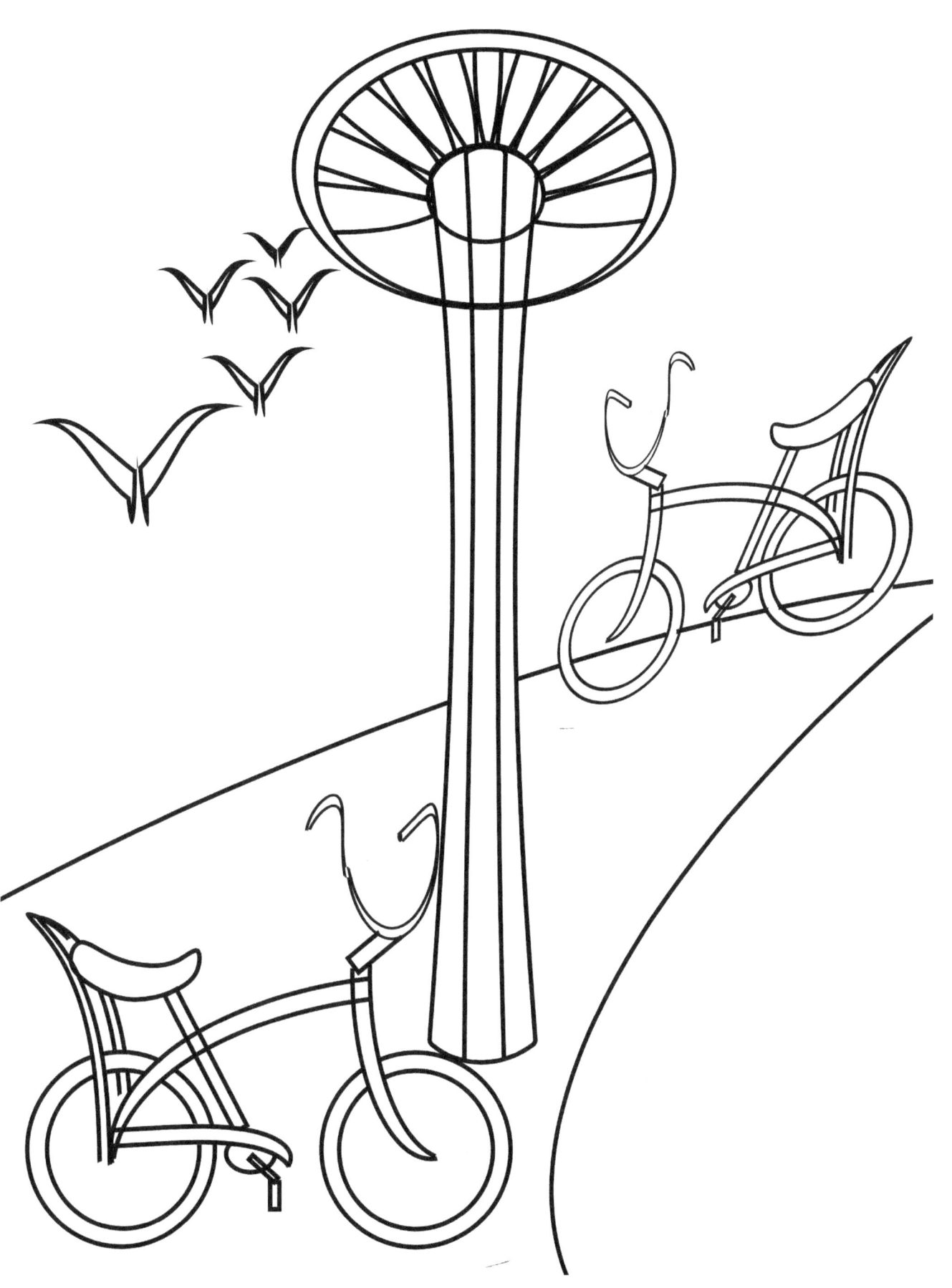

At the Space Needle #20
Adele Kuvittaja

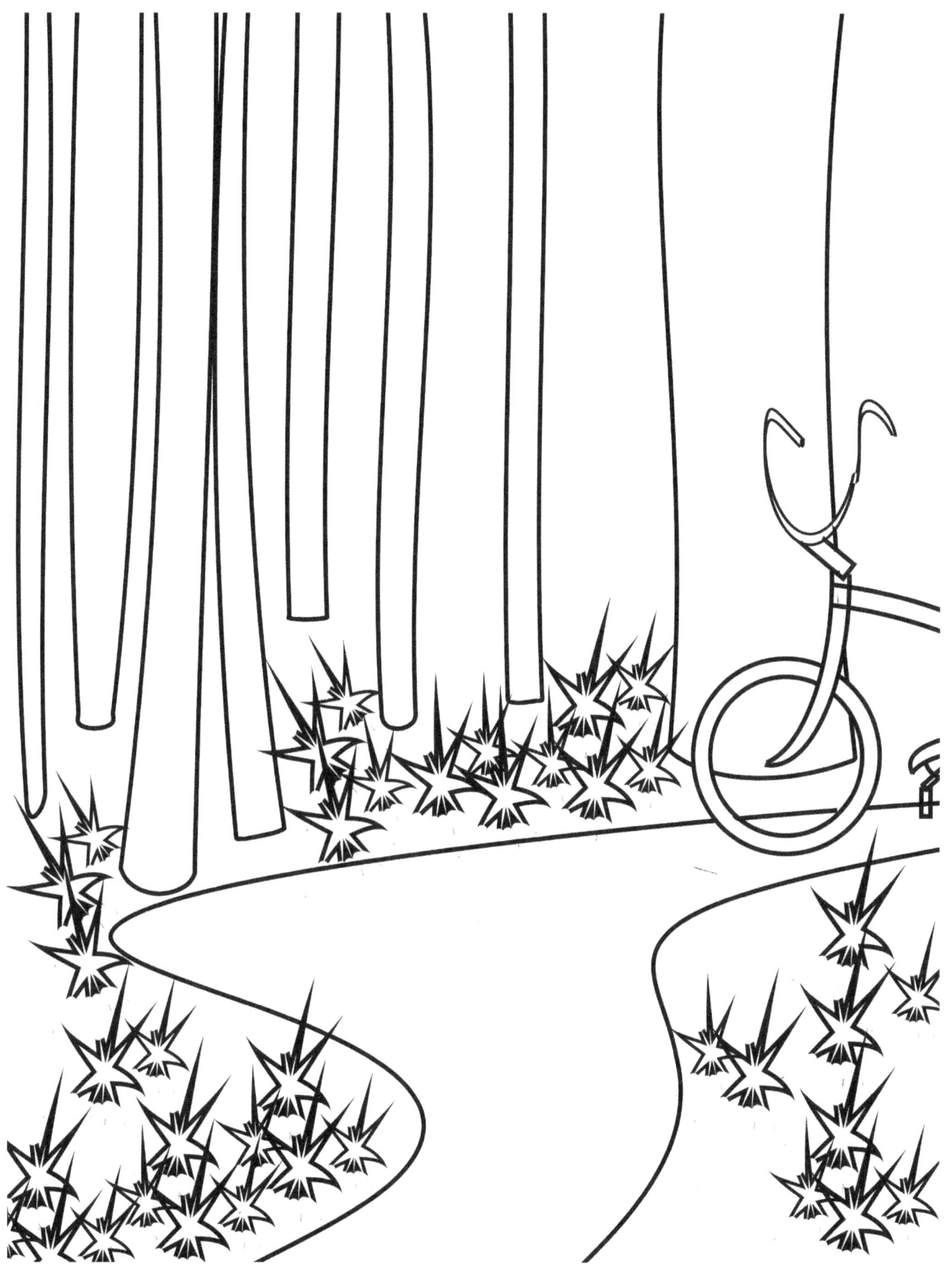

In the Aspen Grove #21
Adele Kuvittaja

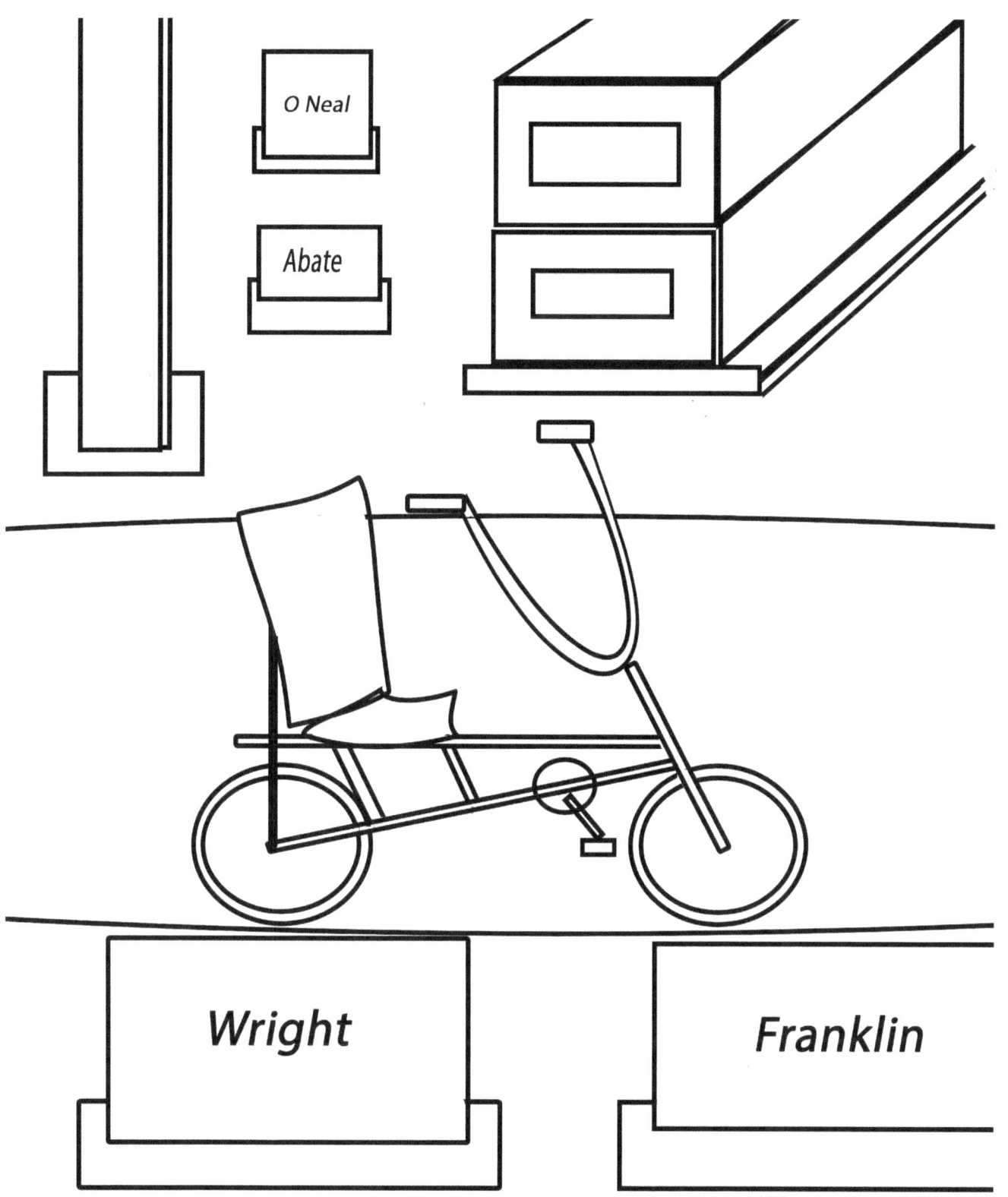

Cemetery Ride #22
Adele Kuvittaja

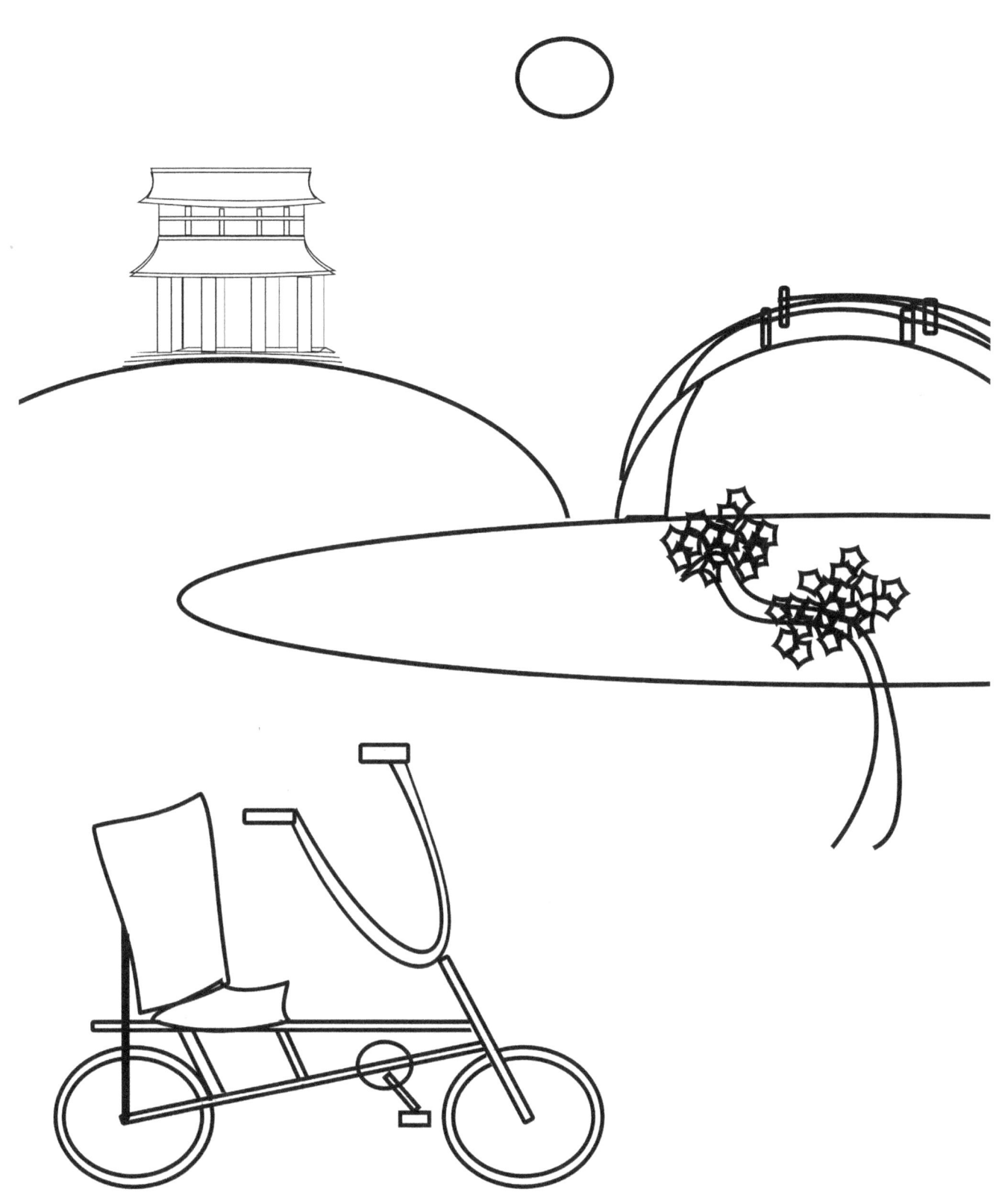

Japanese Garden Ride #23
Adele Kuvittaja

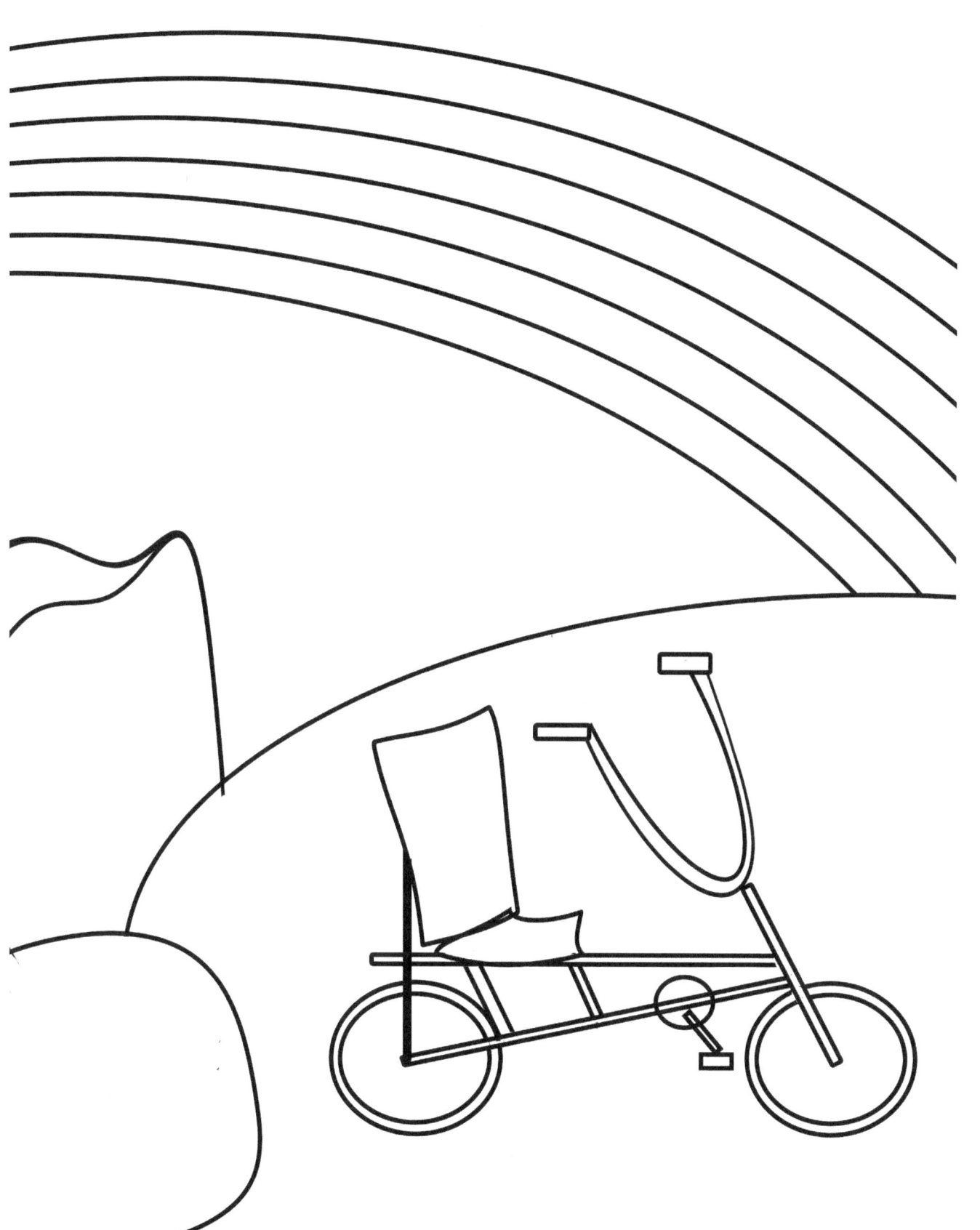

Recumbent at the end of the Rainbow #24
Adele Kuvittaja

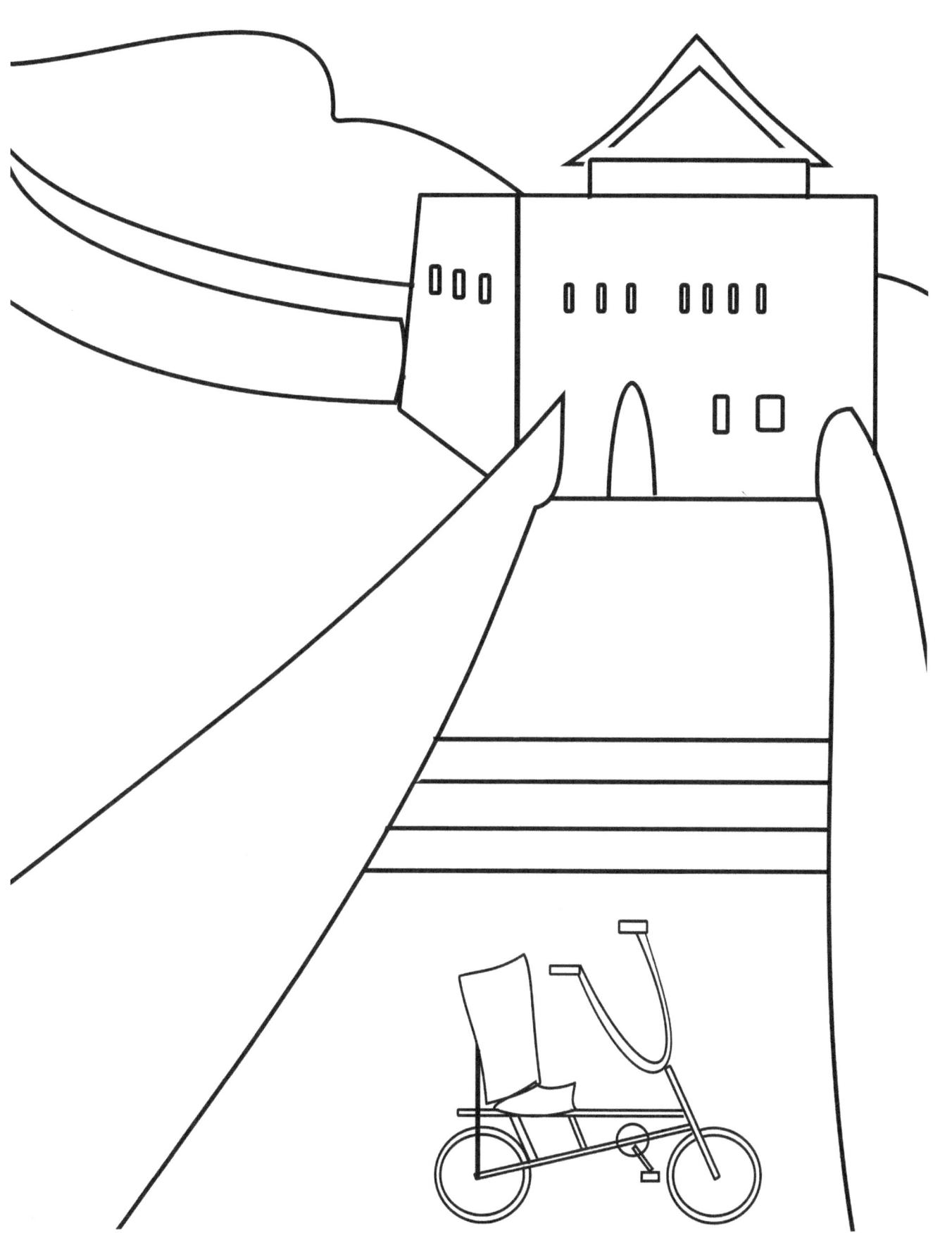

Recumbent on the Great Wall #25
Adele Kuvittaja

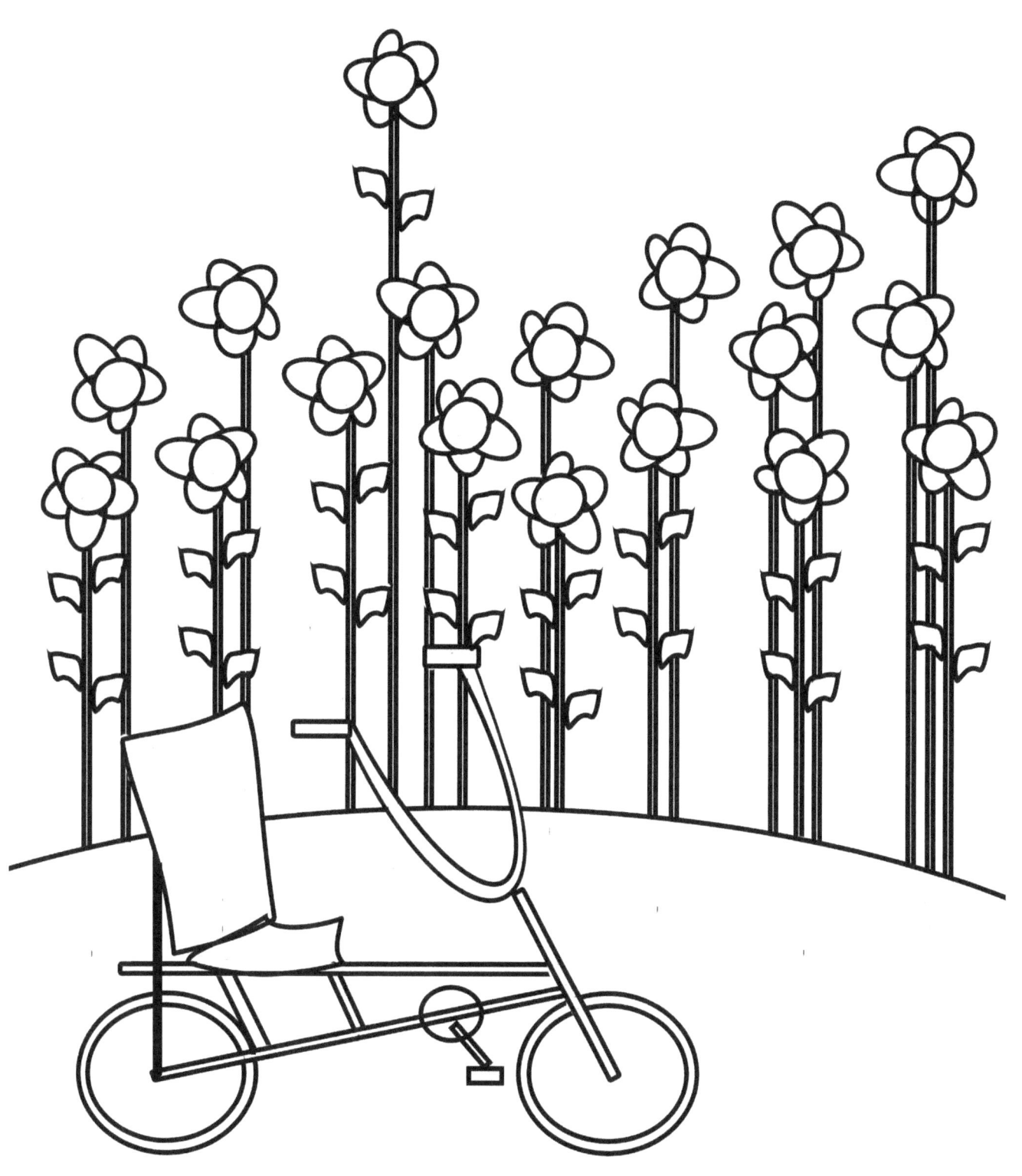

Recumbent in the Sunflowers #26
Adele Kuvittaja

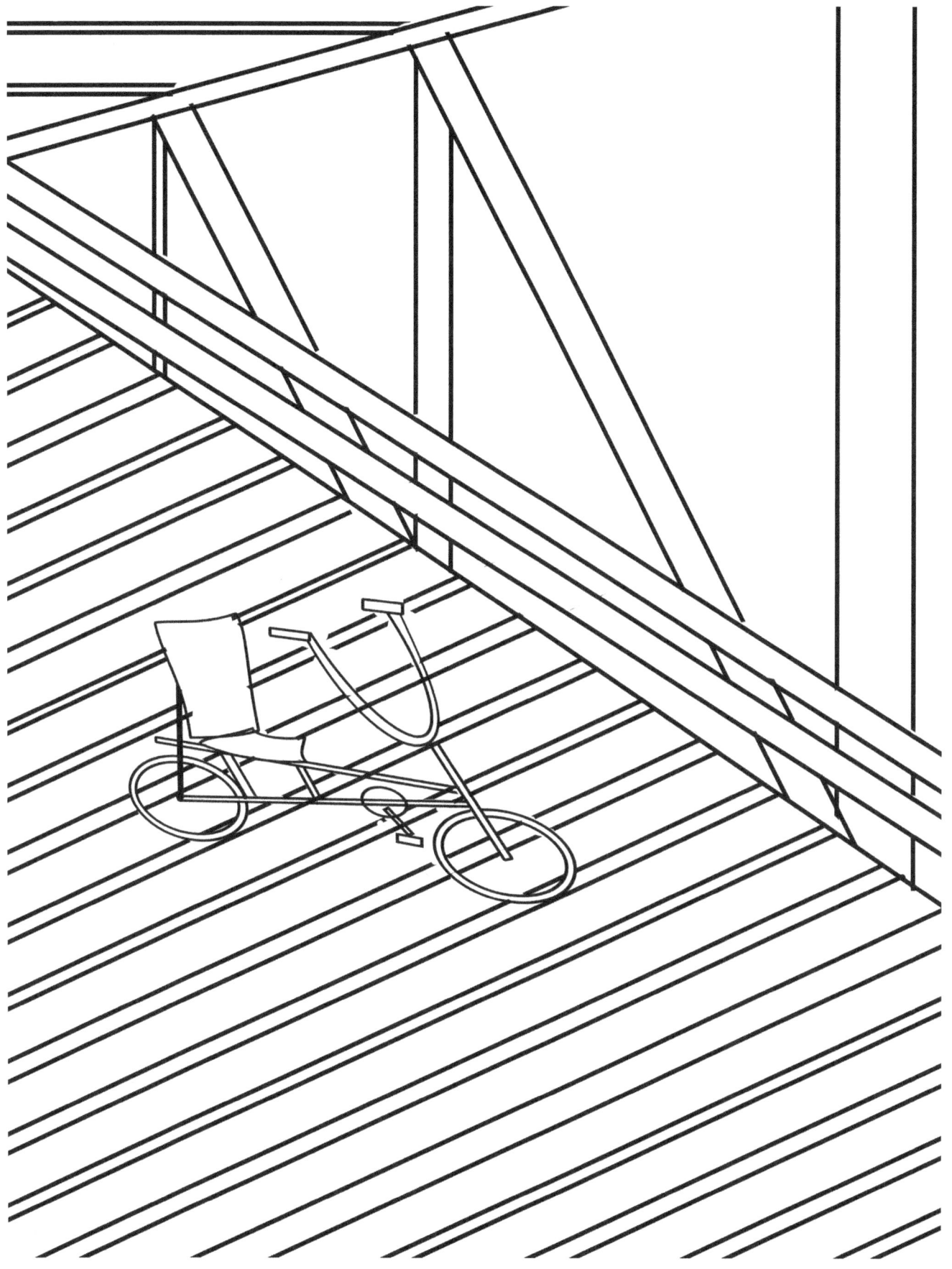

Bridge on the Trail #27
Adele Kuvittaja

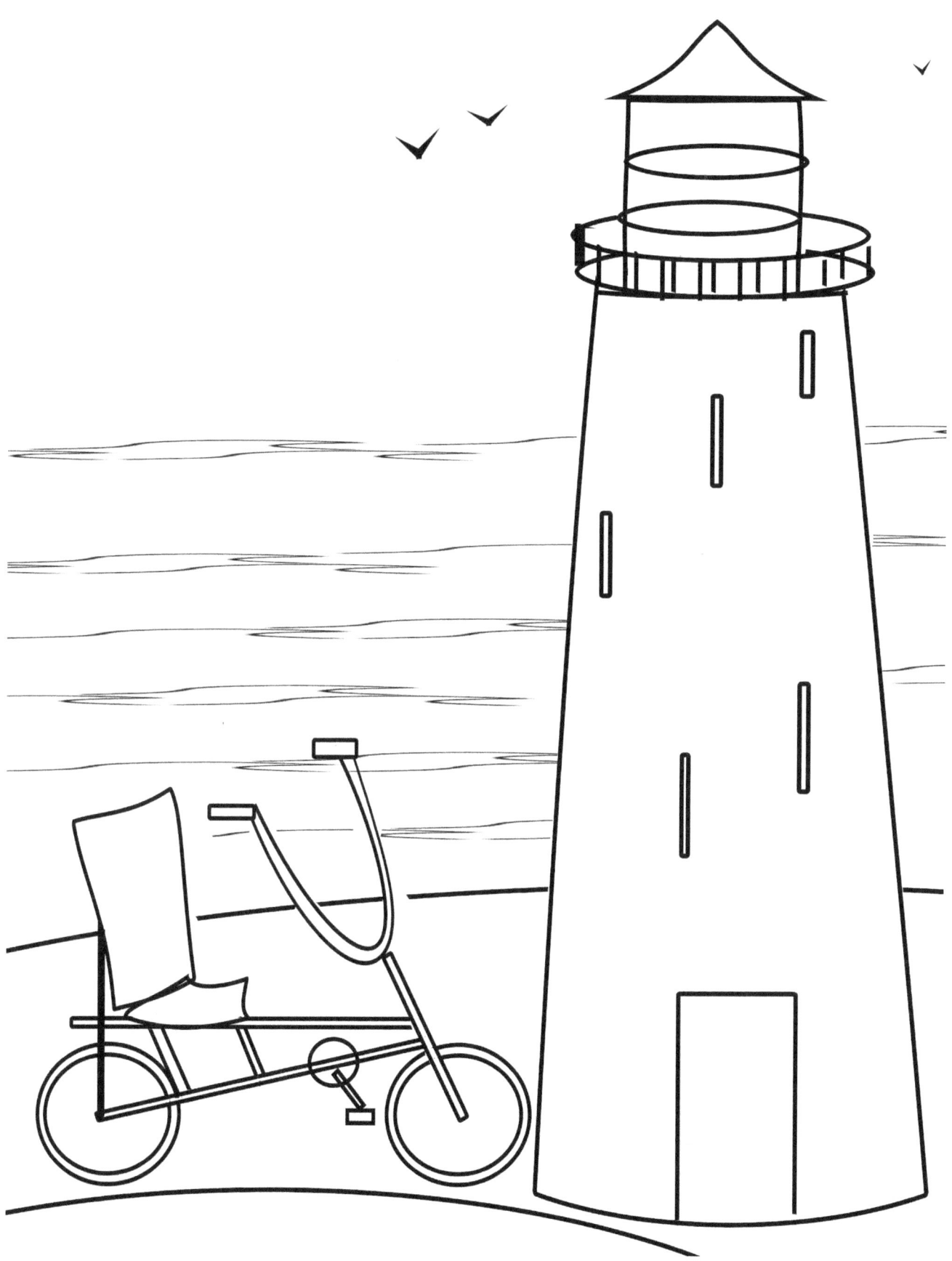

Lighthouse #28
Adele Kuvittaja

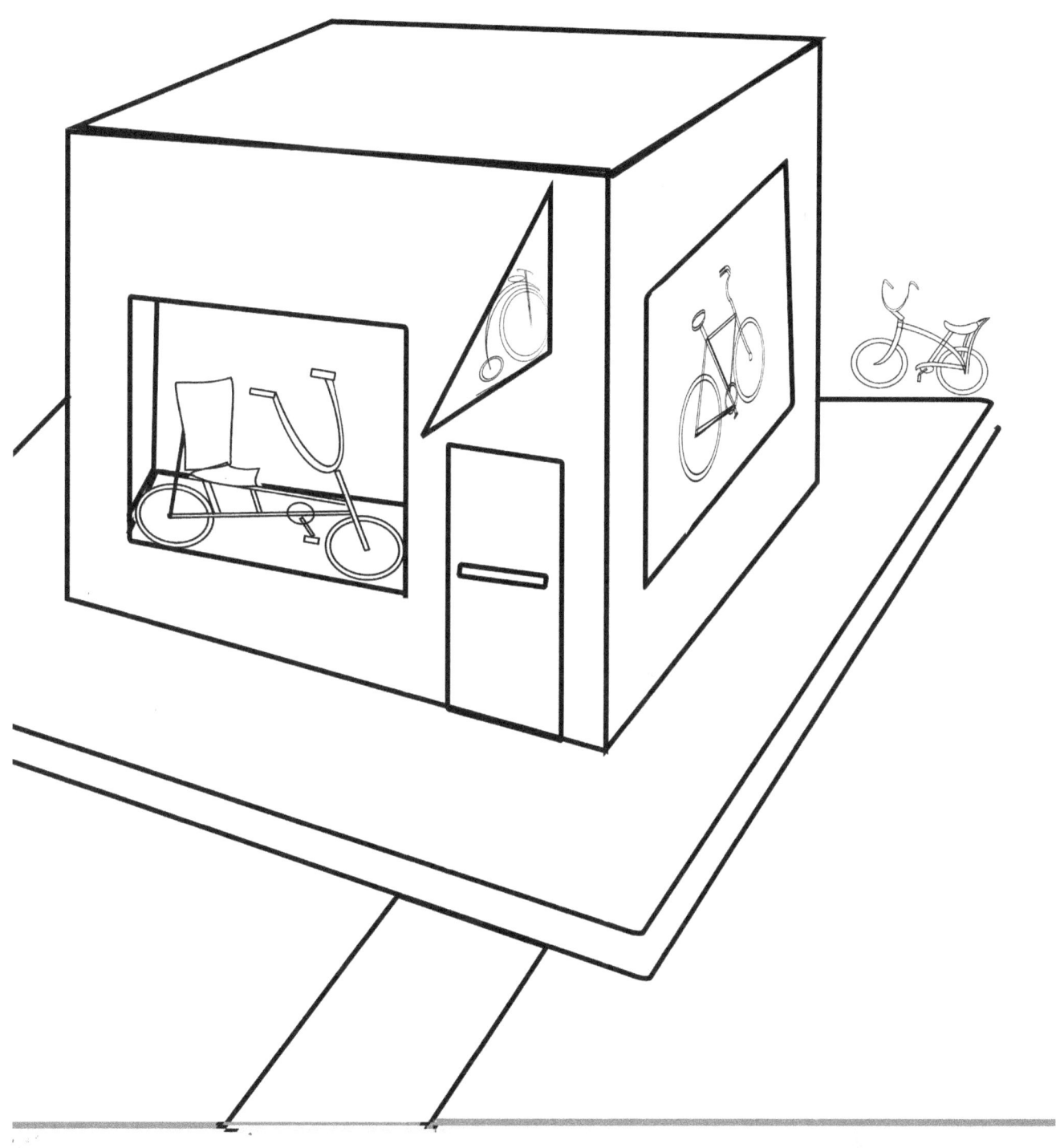

Bike Store #29
Adele Kuvittaja

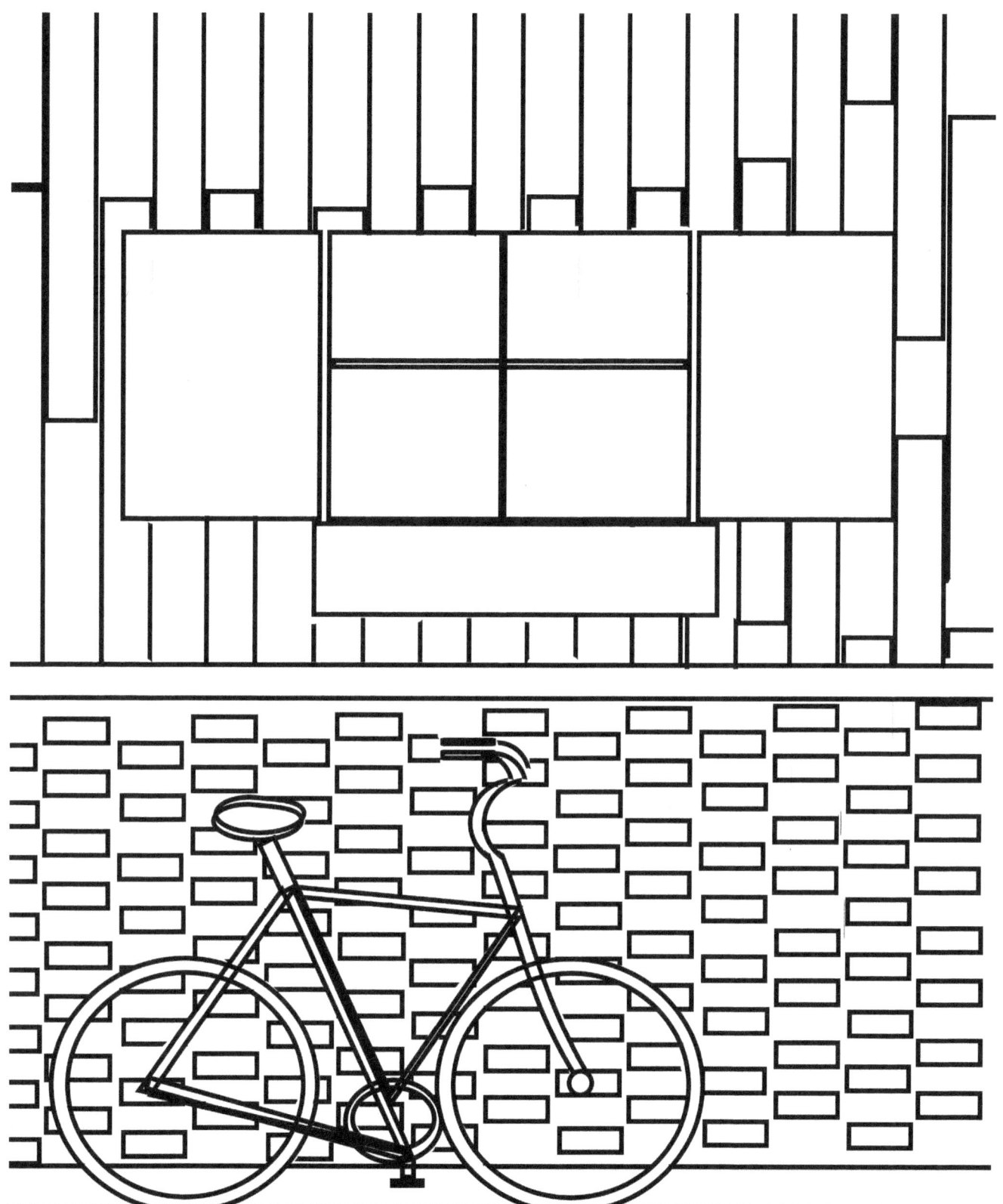

Against the Wall #30
Adele Kuvittaja

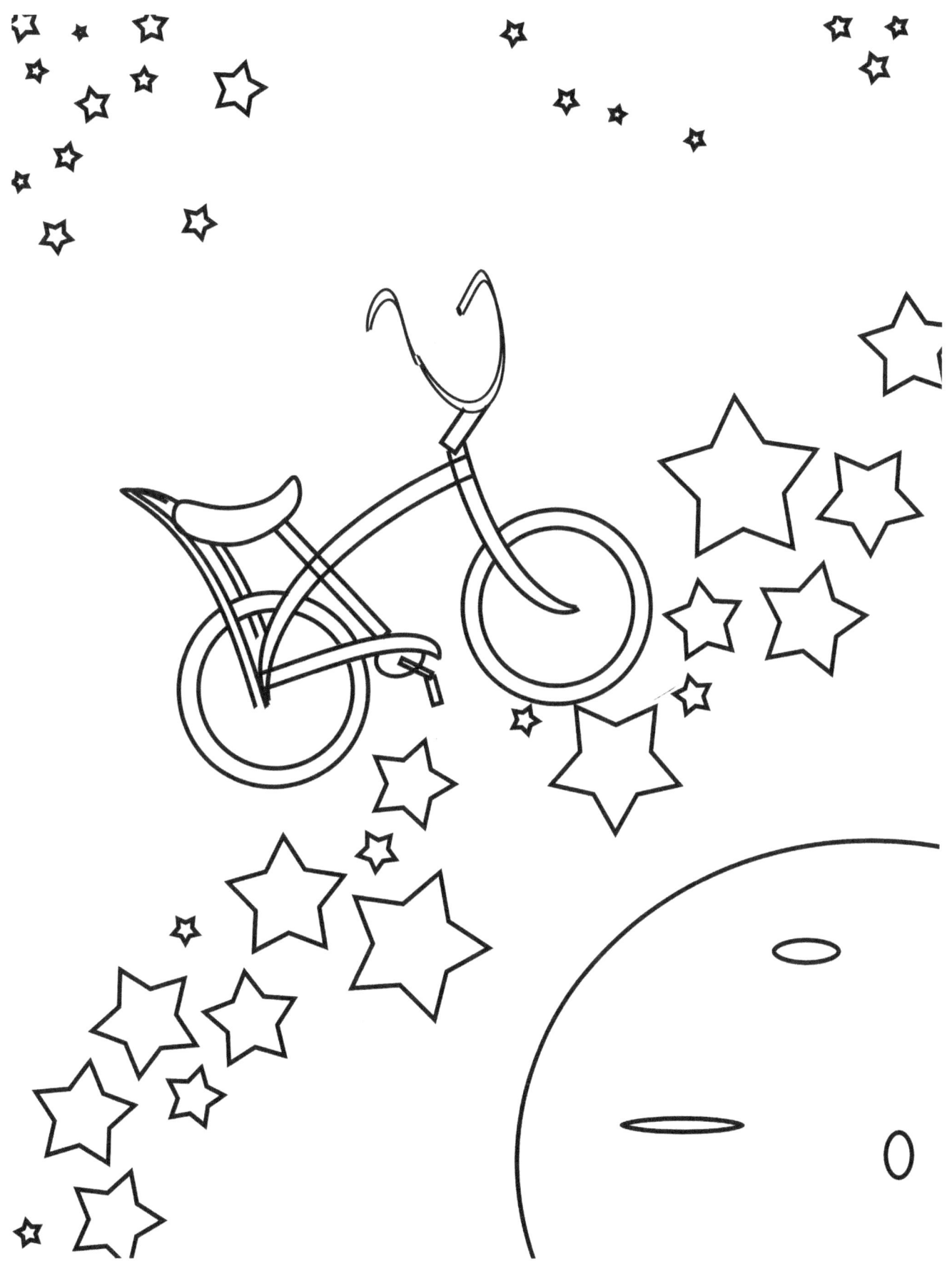

Riding the Milky Way #31
Adele Kuvittaja

Continue the fun with

A

is for
Abstract

ADELE KUVITTAJA

Coming Soon

C

is for

Christmas

www.ingramcontent.com/pod-product-compliance
Lightning Source LLC
Chambersburg PA
CBHW082304200526
45168CB00017B/2767